Ursula de Almeida Goldfarb
Roswitha Zimmer-Hübschle

Kochbuch für Leute von heute
Zur Stärke der Mitte - Zentrierung

Rezepte vom Mittagstisch

Impressum
Texte: © Copyright by Ursula de Almeida Goldfarb &
Roswitha Zimmer-Hübschle
Umschlag: © Copyright by Ursula de Almeida Goldfarb & Raphael
Borer

Verlag: Tao Arts Institute
           Barfüssergasse 4
           4051 Basel, Schweiz
           info@taoarts.net

Druck: epubli ein Service der neopubli GmbH, Berlin

ISBN 978-3-7418-6148-2

Printed in Germany
Bibliografische Information der Deutschen Nationalbibliothek
Die Deutsche Nationalbibliothek verzeichnet diese Publikation in
der Deutschen Nationalbibliografie; detaillierte bibliografische
Daten sind im Internet über http://dnb.d-nb.de abrufbar.

Widmung
An Jay Goldfarb und alle, die das Gedankengut von Legacy of Wisdom zentriert in ihren lebendigen Alltag integrieren.

Danksagung
Danke an alle Mithelfer, die das Gedankengut von Legacy of Wisdom in mannigfaltiger Weise ehren und unterstützen. Mannigfaltige Weisen sind: aktives Mitdenken, Mitarbeiten, Organisieren, Übersetzen, Entwickeln der wissenschaftlichen Forschungsarbeit, Unterrichten, Kochen für den Mittagstisch, Mitgliederbeiträge, Spenden.

Ursula de Almeida Goldfarb, 1953, Lehrerin und Therapeutin für Medizinisches Stilles Qi Gong, Tai Ji, Akupunktur, Eutonie, Fussreflexzonentherapie, Craniosacraltherapie,Tänzerin, Ausbildnerin in therapeutischem Qi Gong (Ext. Psychiatrie Dr . Bösch). Ihre wichtigsten Lehrer sind: Das Leben, Asien, Afrika, Brasilien, Chungliang Al Huang, Jay Goldfarb (LIVING TAO), Dr. Zhi Chang Li, Ram Dass, Dr. G. Fisch, Dr. Hp Braun (ATMA), T. Schoop, H. Marquardt, Dr. T. Arnold. Info und Kontakt: www.taoarts.net, info@taoarts.net, www.livingtao.com

Roswitha Zimmer-Hübschle, 1961, Ernährungslehrerin (vegetarisch), Leiterin der Gesundheitspra-xis & des Oeko Ferienplatzes in der Lanveoc, FrankreichAus- und Weiterbildung bei Living Tao/Legacy of Wisdom Qi Gong/Tai Ji und Sturzprävention „Centering for Seniors" (U. & J Goldfarb de Almeida/Hauptlehrer) Craniosacraltherapie & energetische Massage bei Dr. T. Arnold, B. Tschumi und Kavi Gemin. Info und Kontakt: www.ty-natur.fr, roswithazimmer@orange.fr

Andrea Wahli, 1969, Lehrerin für Tai Ji und Qi Gong, chinesisch-japanische Kalligraphie und Zeichnen im Raum Stille-Bewegung in Bern sowie in verschiedenen Institutionen. Aus -& Weiterbildung bei Living Tao/Legacy of Wisdom in Qi Gong /Tai Ji und Sturzprävention „Centering for Seniors". Ausbildung in Malspiel und Erwachsenenbildung, Wichtigste Lehrer: Leben/Familie, Ursula und Jay Goldfarb de Almeida, Beat Tschopp, Arno Stern, Sanae Sakamoto. Info und Kontakt: www.stille-bewegung.ch, andreawahli@hispeed.ch

Patricia Waldner, 1981, ist Rechtsanwältin und Mediatorin, Vizepräsidentin des Vereins Legacy of Wisdom Schweiz und im Stiftungsrat von Living Tao. Seit 2014 organisiert sie den Mittagstisch von Living Tao.Info und Kontakt: patricia.f.waldner@bluewin.ch

Andy Aebi, 1957, aktiv in Frühpension. Freiwilliger Mitarbeiter bei einer sozialen Institution. Ausbil-dung als Yoga- und Tai Ji/Qi Gong-Lehrer.Info und Kontakt: andi.aebi@bluewin.ch

Alia Goldfarb, 1990, Sängerin, Theaterschaffende, Künstlerin, Pädagogin und Aktivistin mit einem Bachelor in Friedens-, Konflikts- und Koexistenzforschung durchAngewandte Theaterwissenschaft. Sie studiert nun an der University of Colorado Boulder und verfasst derzeit ihre Masterthesis durch das Colorado Shakespeare Festival Program „Shakespeare and Violence Prevention in Schools".Info und Kontakt: aliagoldfarb@gmail.com

Raphaël Borer, 1984, verheiratet und Vater von 2 Kindern, Grafiker und Projekleiter. Passionierter Graffiti Künstler seit Kindheit.Arbeiten und Ausstellungen in der Schweiz, Brasilien und Südafrika. Atelier mit Sitz in Weil. Neugierig und experimentierfreudiger Hobbykoch.Info und Kontakt: raphaeldborer@gmail.com

Kochbuch für Leute von heute

Die Meergiraffe
weiter hinaus weiterhinaus
auf die horizontlinie zu
schwimmt die giraffe
weiter hinaus
über den wellen ein dünner hals
und zwei einsam ragende hörner
mit heimatlichen knospen
im bauch
und gräsern
die sie gemächlich wiederkäut
wiederkäut
weiter hinaus weiter hinaus
du meergiraffe
(japanisches Original: „umi no kirin",
Übersetzung von Eduard Klopfenstein*)

*Gedicht von Shuntarô Tanikawa
Erläuterungen zum Titelbild:
湯 Suppe 米 Reis
Titelbild: Andrea Wahli und Raphaël Borer

Einklang
Der Mittagstisch ist mehr als ein Tisch.
Es ist ein Tisch für die Sinne:
Der Tisch ist liebevoll gedeckt.
Die Speisen nähren.
Feine Rezepte mit persönlicher Handschrift regen zum Nachkochen an.
Die Gespräche verhallen nicht, sondern tragen neue Früchte.
Sonja Ribi

Gedeckter Tisch

Gesprächsrunde beim Mittagstisch mit Judith

1. Gedanken zum Mittagstisch

Man nehme . . . ja was denn genau?
Was macht ein Rezept aus?
Und was macht ein richtig gutes Rezept aus?
Kommt es überhaupt auf das Rezept drauf an?
Essen ist nicht nur Nahrungsaufnahme, genau so
wie Kochen nicht einfach nur Kombinieren von
Zutaten ist.
Es gehört viel mehr dazu . . .
. . . Zutaten wie "Zeit" und "Liebe bei der Zubereitung".
Nicht zu vergessen, die Gesellschaft, in der gegessen wird.
Das fürstlichste Mahl, in unangenehmer Gesellschaft,
wird uns nicht bekommen.
Jedoch die einfachste Speise unter Freunden und
Wohlgesinnten kann uns Nahrung für Körper und Seele
sein.
Dieses Buch ist der erste Schritt.
Es schenkt uns Rezepte, aber in erster Linie Einsichten.
Einblicke in gesunde Ernährung für Körper und Seele,
und vielleicht auch die Motivation mit oder für
andere zu kochen, zu erkennen, dass man aus einer
einfachen Mahlzeit so viel mehr machen kann.
Jitka Weber

Hausgemachtes Essen – Kontakte pflegen!
Gesundes, hausgemachtes Essen ist der Verdauung noch viel zuträglicher,
wenn es in guter Gesellschaft und einer anregenden Tischrunde genossen wird:
Oft wird unterschätzt, welch grossen Einfluss soziale und gesellschaftliche
Faktoren auf unser gesundheitliches Wohlbefinden haben. Es macht einen
Unterschied, ob jemand sich eingebettet fühlt in einem Netzwerk, in der
Nachbarschaft, in der Familie, Kontakte pflegt, Menschen jeden Alters begegnet
- oder nicht. Deshalb glaube ich, dass es auch beim Thema Ernährung nicht nur
um Kalorien und Ingredienzen geht. Sondern darum, ob Essen mit Liebe für sich
und andere zubereitet wird. Es geht darum, über den eigenen Tellerrand
hinauszublicken und neugierig zu sein gegenüber ungewohnten Düften und
Konsistenzen. Beispielsweise macht es Spass und schärft die Sinne,
gemeinsam die Geschmacksrichtungen „Bitter/ Herb, Süss, Sauer, Salzig und
Scharf" aus einer Mahlzeit heraus zu spüren, welche bewusst so zubereitet
wurde, dass ein ausgewogenes Verhältnis dieser Geschmacksrichtungen

entstand. Oder beim Löffeln einer Schale Suppe, welche mehrere Stunden auf dem Herd geköchelt hat, die verschiedenen Zutaten zu erraten... Es geht auch darum, offen zu bleiben gegenüber westlichen wie auch östlichen Konzepten. Konzepte, welche die verschiedenen Hobby-Köchinnen und -Köche dieses Buches als Stütze und Basis für ihre Kreationen verwendet haben.
Wie wichtig dieser Austausch untereinander ist, spiegelt sich meiner Meinung nach im Aufbau dieses Kochbuchs wieder. Nicht ein einzelner Autor, sondern viele verschiedene Menschen stellen hier ihre Gerichte vor – von der Köchin, die sich mit veganer oder vegetarischer Küche oder Wildkräutern auskennt bis hin zum Experten für italienischen Risotto oder zur chinesischen TCM-Spezialistin, welche darauf achten, dass durch ihr Rezept das „Magenfeuer" besonders gut gepflegt wird. Dadurch ist die für den Körper so wichtige Abwechslung auf dem Speiseplan besonders gut gewährleistet.

Was allen Rezepten gemeinsam ist: Sie sind nährstoffreich, einfach zuzubereiten und basieren auf natürlichen Zutaten. Diese sind meistens pflanzlich und beinhalten viele verschiedene Alternativen zu Weizen und Kuhmilch. Die Rezepte enthalten kein Fleisch und wenig bis keinen Fabrikzucker.

Dieses Kochbuch ist somit nicht einfach nur eine Sammlung verschiedener Rezepte zum Nachkochen, sondern auch eine eindrückliche Dokumentation mehrerer Jahre Mittagstisch, organisiert durch den Verein Legacy of Wisdom. Was wir essen, wie wir essen, wie wir uns um unseren Körper kümmern und wie wir uns fühlen – das alles ist eng miteinander verknüpft. Sich selber und anderen das zu kochen, was uns von innen her gut fühlen lässt, gehört für mich bei einem bewussten Älterwerden dazu.
Anna Schiffmann

Was, wie, weshalb?
Ich, Marcina de Almeida Borer, als Tochter von Ursula de Almeida bin schon damit gross geworden, dass oft Gäste mit am Tisch sassen.
Darum ist etwas wie der Mittagstisch für mich ein natürliches Geschehen.
Das Besondere ist, es wird nicht einfach nur gegessen! Es gibt abgerundete Menüs, einen runden Ablauf, sondern oft auch ein anregendes oder humorvolles Vorspiel/Programm.

Die Köche machen sich Gedanken darüber, was sie wie, warum, weshalb gesunderhaltend kochen.
Und die Gäste machen sich Gedanken zu dem: "Was esse ich?" „Wie esse ich?"

Es wird über das Essen und seine Zubereitung gesprochen. Jeder nimmt sich etwas an neu Entdecktem, an Erfahrung, Genuss der von Jung und Alt gemischten Gemeinschaftsgefühlen mit.

Das Ziel ist es, kreativ und wach mit dem Thema Ernährung umzugehen. Eingefahrene Konditionierungen/Strukturen werden aufgebrochen. Man lernt spielerisch, wie man sich besser und gesünder ernähren kann. Dies funktioniert besser in der Gemeinschaft und mit einer gewissen Regelmässigkeit.

Die Grundidee von Legacy vermittelt „ Wie man auf eine gesunde, lebendige, ganzheitliche Art würdevoller, mit Neugier und Appetit, alt werden kann."

Ich gehe auf jeden Fall jedes Mal nicht nur mit einem vollen Bauch, sondern auch wohlgenährt nach Hause.
Marcina de Almeida Borer

Generationenmittagstisch

Sämtliche Angaben und aktuelle Daten zum Mittagtisch finden sich unter www.livingtao.com.

2. Entstehung und Geschichte des Mittagstischs

Seit 40 Jahren unterrichten wir daoistische medizinische Künste, wie Qi Gong, Tai Ji, Fächer, Tuina, Akupunktur, Kräuterkunde an unserem Institut. Unsere Schülerschaft begab sich oft nach dem Üben des Qi Gong oder Tai Ji im Tao Arts Institut zum gemeinsamen Frühstücken oder auch zum gemeinsamen Suppenessen. Durch die wärmende Ernährung, die erste und günstigste Medizin, pflegten die Teilnehmenden ihr Qi, aber auch ihre Freundschaften. Sie tauschten Erfahrungen und mit der Zeit auch einfache, gesunderhaltende Rezepte von Vorfahren, aus verschiedenen Regionen und Ländern aus. Dabei lernten sie, sich anders, gesünder zu ernähren.

Später boten sie untereinander Mittagstische an. Die Treffen fanden monatlich in privaten Haushalten in verschiedenen Quartieren von Basel und seinen Vororten statt. Mit der Zeit verlegten wir den Mittagstisch in das Tao Arts Institut, ins Zentrum der Stadt und die Köchinnen brachten das gekochte Essen mit. Wir servierten Suppe, Brot und Früchte oder Wähen. Zu trinken gab es verschiedene Tees. Wir blieben dem Grundsatz treu, dass das Essen einfach aber schmackhaft, günstig und aufbauend sein soll.

Die Teilnehmerzahl nahm stetig zu. Wir benötigten wieder eine Küche zum Herrichten. Im Jahr 2013 verlegten wir die Mittagstische in den privaten Haushalt der Hauptgründer von Living Tao, Ursula und Jay Goldfarb.

Jay Goldfarb, ein wahrer Brotfanatiker aus New York, backt oft für den Mittagstisch Dinkel-, Mais- und Schrotbrote, und als Krönung ab und zu auch seine geliebten New York Bagels - sogar aus Dinkelmehl.

Jay mit New Yorker Bagel

Eines unserer Ziele am Mittagstisch ist einfache und kostensparende Zubereitung. Das Zubereiten und Einnehmen des Essens geschieht mit mitfühlender und achtsamer Haltung, in entspannter Ruhe und mit Freude. So ist das Essen besser verdaulich, wärmt und kräftigt den ganzen Menschen, Leib und Seele.

Da wir im Qi Gong und Tai Ji, in der Meditation und im Tanzen achtsames Körperbewusstsein zum Bewusstwerden unserer Selbst und der Umwelt üben, bietet es sich an, diese achtsame Haltung auch im Alltag, beim alltäglichen Kochen und Essen, als Übung aufzunehmen.

"Achtsamkeit heisst: Mit Körper und Geistimpuls etwas ganz zu tun. Wenn ich einatme, weiss ich, dass ich einatme, wenn ich ausatme, weiss ich, dass ich ausatme. Wenn ich esse, weiss ich, dass ich esse. Wenn ich sitze, dann sitze ich, wenn ich gehe, dann gehe ich."[1]

Einleitende Kontemplation startet unsere Mittagstische, im Bewusstsein, dass viele Menschen am Hungern sind oder ohne Gesellschaft essen müssen.

Die kreativen Teilnehmerinnen und Teilnehmer bereichern die Mittagstische mit kleinen Aktivitäten, wie Tischsets malen, Abhalten kleiner Konzerte, Halten von Vorträgen mit anschliessenden Diskussionen, Lesungen, etc.

Die Einnahmen der Mittagstische, nach Rückerstattung der Ausgaben der Köche, spendeten wir viele Jahre an andere Stiftungen, an Kinderheime in Brasilien, an die Montesori Schule in Sri Lanka, an Hilfseinrichtungen im Tibet oder in der Schweiz sowie Terres des Femmes. Da sich die Zielsetzungen der Living Tao Stiftung und des Legacy of Wisdom Vereins ähneln und sehr gut mit dem Gedanken des Mittagstisches vereinbar sind, spendet der Mittagstisch sein Erlös derzeit dem gemeinnützigen Legacy of Wisdom Verein, Schweiz. Der im Jahr 2012 gegründete Verein sucht nach wirkungsvollen Antworten auf die zunehmenden individuellen und gesellschaftlichen Herausforderungen des Alterns und dessen Folgen. Die fünf Hauptanliegen des Vereins sind die Erfüllung des Lebenssinns, Lebensstile und soziale Beziehungsnetzwerke im Alter, Gesundheit und Gesundheitsfürsorge, Finanzen und Rechtsberatung, lebensabschliessende Vorbereitung sowie Fürsorge[2]. Im Fokus der Arbeit des Vereins Legacy of Wisdom, Schweiz steht im Moment die Gesundheitsfürsorge, insbesondere die Sturzprävention. Die Spenden vom Mittagstisch decken einen Teil der Kosten der wissenschaftlichen Forschung in Sachen Evidenz der Sturzprävention „Centering for Seniors" durch Qi Gong/Tai Ji und Weight Resistance-Training.

---

[1] Thich Nhat Hanh, Achtsam essen, achtsam leben Fußnote.
[2] Website www.legacyofwisdom.org

3. Ziele des Mittagstischs

Der Mittagtisch bietet die Gelegenheit, auch gemeinsam zu kochen und Neues auszuprobieren. Es entstehen neue Kontakte und Begegnungen, wenn Menschen in verschiedenem Alter gemeinsam kochen. Die Erfahrung zum ersten Mal für einen grossen Tisch zu kochen, kann Freude bereiten und Selbstvertrauen schenken. Wahrzunehmen, dass schlichte, gut vorzubereitende Mahlzeiten Anklang finden, ermutigt, einmal selbst am Mittagstisch zu kochen.

Bei uns lernt man, ohne Asket zu werden oder Dogmen zu verfallen, so zu kochen, dass man das Essen wieder geniessen kann. Der präventive Aspekt des Mittagstischs bemüht sich darum, das physische und psychische Gleichgewicht, die Stabilität durch Flexibilität und die Selbständigkeit bis ins hohe Alter zu erhalten. Dies gelingt nicht zuletzt dank gesunder Ernährung. Sie ist die Grundlage der ersten einfachsten und günstigsten Medizin.

Mit zunehmendem Alter verändert sich nicht nur Gehör, Sicht, Geschmack und Geruch, sondern auch die Verdauung. Es kann zu einer Entwicklung von Unverträglichkeiten kommen, etwa Laktose-, Weizen-, Fett- und Ölintoleranzen.

Persönliche Erfahrungen aus der Runde des Mittagstischs zeigen deutlich, dass es trotz grosser Auswahl im Spital oft nicht möglich war, so zu essen, dass es der Genesung diente. Ein Beispiel eines Patienten, der an einer schweren Lungenentzündung erkrankte, an Aphten im Mund und Hals litt und dessen Geschmacksnerven unempfindlich geworden waren, wurden Maggi und Aroma in die Maggi Süppchen empfohlen, damit er etwas schmecke. Man kann sich vorstellen, welchen Brand das im Mund entfachte …

Zum Abschluss einige zum Überlegen anregende Gedanken von Dr. G. Fisch[3]:

„„„Viele Patienten halten sich für ganz gesund und denken, sie essen gesund. Sie kommen wegen leichten Störungssymptomen, wegen Ängsten, Krämpfen in Begleitung von Schlaflosigkeit. Frage ich sie nach der Verdauung, sind sie meistens erstaunt: „Aber, Herr Doktor, ich bin gesund, da gibt es keine Schwierigkeiten!" Woher kommt dann der dicke, gelbe Belag auf ihrer Zunge? Ach, Blähungen, Sodbrennen, öfters leide ich an Müdigkeit oder Kopfweh nach dem Essen. Ich befolge eine fettlose Diät!„
„Was braucht es denn noch, um krank zu sein, fragt der Arzt?" „Aber ich habe organisch nichts, Herr Doktor, das ist nur eine vegetative Störung!"

---

[3] Verweis!

Es ist klar, dass jede funktionelle Störung sich auf die Dauer in eine organische Störung verwandelt:
- Reizung der Gallenblase = Gallensteine
- Ängste = Angina Pectoris = Infarkt
- Chronische Gastritis = Anämie, usw.

Es geht darum, eine funktionelle Störung zu harmonisieren. Die Diät besteht darin, sich in einer bestimmten Lebensweise, im emotionalen, sozialen, beruflichen, kulturellen, religiösen und politischen Bereich sinnvoll zu verhalten. Die Kräuter, Nadeln und Qi Gong, auch atmende Bewegung an frischer Luft und am Licht, können präventiv unterstützen. Es ist wichtig zu erkennen, dass u.a. Stress, Habsucht, Stolz und Geiz krank machen. Die Ernährung wird oft nur nach ihrem Gehalt an Kalorien, Vitaminen, Spurenelementen, Kohlehydraten, Proteinen und Fettbestandteilen untersucht. Das ist messbar, wägbar. Wir müssen aber auch den Einfluss des biologischen Anbaus, der Ernte, die Einflüsse der Umwelt verstehen und zum gesunden Ernähren miteinbeziehen. Selbst wenn ein Mensch alles befolgt, was ihm ausgemessen oder angemessen wird, kann er krank werden. Warum?[4]"

---

[4] Der Blick auf das Ganze, den ganzen Menschen ist wichtig: Das Erfassen der Gestaltkräfte, Farben, Formen, Konsistenzen, Geschmäcker führt zu tieferem Verständnis, sich richtig zu ernähren. Yin und Yang, kalt und warm, innen und außen, oben unten. So gelangen wir zu unserer Mitte. Sie ist unser Verdauungssystem, unsere Erde, in der die Nieren als Wurzeln stecken und erwärmt werden. Zwischen den beiden Nieren, sitzt ein Kochtopf, unter welchem die beständige Glut, das Wasser erhitze und Qi bildet. So wird unsere Lebenskraft, unser Qi erhalten. Diesen Ort nennt man das Tor des Lebens und es beherbergt das Yangauge im Yinbereich. Mithilfe auch des Dreifacher Erwärmermeridians, wird der erforderliche Dampf zur Verdauung produziert. Durch diese Erwärmung wird auch das Herz (Feuer, Gefässe, Herz/Dünndarm) ausbalanciert und Lunge (Metall, Haut, Lunge/Dickdarm) gestützt. Der Prozess entlastet aber auch die Leber und tonifiziert die Milz. Über das Ernährungs-Qi, das Blut (Feuer, Gefäße, Herz/Dünndarm) werden die Knochen und Gelenke (Wasser, Blase/Niere), Sehnen und Bänder (Holz, Leber/Gallenblase) die Muskeln und das Bindegewebe (Erde, Magen/Milz) gestützt.

4. Über die Lebensmittel

Was soll ich essen?
Gesunderhaltende Massnahmen sind Essregeln, sich richtig kleiden, richtig wohnen, sich harmonisch bewegen, sich warmhalten, da wir immer Energie abgeben. Die Energie, die wir auch in der Verdauung kreieren, steigt, öffnet und senkt und schließt sich wieder. Dies zusammen erhält und erhöht unseren Energiehaushalt. Wir lernen, nur so viel auszugeben, wie wir wieder herstellen können. Dazu gehört auch, dass wir langsam essen, gut kauen, damit das Qi der Nahrung verwertet und gut verdaut werden kann, nicht zu viel dabei reden, damit wir bevor der Hunger gestillt ist, aufhören zu essen.

Befolgen Sie nicht einfach leichtgläubig, was Sie gehört oder irgendwo gelesen haben. Ihre eigene Erfahrung wird zum Prüfstein, was für Sie gut verdaulich, ernährend und ausgleichend wirkt. Nur wenn das Herz lacht, kann die Verdauung sich erwärmen und harmonisieren. Es gilt, die Mitte zu suchen und zu finden. Wir ermuntern Sie ebenfalls, Ihre Mitte zu entdecken. Einmal gefunden, entscheiden Sie nach individuellen Bedürfnissen, was Sie wie kochen und würzen.

Zu unserer Beobachtung und Fragestellung gehört:
- Was kann ich essen? Liebe ich es warm oder kalt?
- Wann kann ich essen und wann nicht?
- Bin ich ein König am Morgen und ein Bettler am Abend, oder umgekehrt? Warum? Das hängt von meiner Konstitution, von meiner Organuhr, meiner Tätigkeit, meiner Art zu denken, meiner Erziehung und meiner Konditionierung ab.
- Was kann ich trinken? Liebe ich es warm oder kalt?
- Kann ich regelmäßig auf die Toilette gehen? Habe ich eher Durchfall oder Verstopfung?
- Habe ich einen guten Schlaf?
- Bin ich warm oder kalt? Schwitze ich, wenn ja, wann: tagsüber bei Anstrengung oder nachts?
- Habe ich oft Blähungen, Schmerzen allgemein? Ist meine Muskulatur zu feucht oder zu trocken? Sind meine Sehnen zu spröde? Habe ich Anlaufbeschwerden? Bin ich sauer oder basisch? (Urintests möglich)
- Kann ich mich konzentrieren? Kann ich denken?

Wichtig ist auch, sich selber zu mögen, sich für sich selbst Zeit zu gönnen, für sich zu kochen und sich selber bewusst zu ernähren. All dies gehört zum eigenständigen Selbstwertgefühl.

Für Gäste zu kochen, zeugt von einem wertschätzenden Respekt gegenüber dem Nächsten. Es ist eine Ehre, Gäste mit selbst gekochter Nahrung zu verpflegen!

Sich gesund zu ernähren heisst, man muss sich selbst als Teil der Natur und die Einflüsse der Natur gut beobachten und kennenlernen. Es gilt, je nach Tageszeit, Jahreszeit, Beanspruchung, Beruf, Beziehungen oder Laune, dauernd Innen und Aussen und Yin und Yang auszugleichen. Das Qi geht vom kleinen zum grossen Yang (Sonnenaufgang/Tag) und dann wieder zum kleinen und großen Yin (Sonnenuntergang/Nacht).

„Fleisch ist der Ziegelstein, Reis ist der Mörtel, Gemüse ist der Verputz, und Obst ist die Tapete, die das Qi kämmt."
Dr. Goth

Um eine hochwertige Eiweisszufuhr zu gewähren, empfehlen wir die folgenden sich ergänzenden Lebensmittelkombinationen:

- Hülsenfrüchte in Kombination mit : Mais, Brot, Getreide, Eiern, Milch, Milchprodukten, Nüssen, Samen
- Brot und Getreide in Kombination mit: Hülsenfrüchten, Nüssen, Milchprodukten
- Mais in Kombination mit: Hülsenfrüchten, Milch, Milchprodukten
- Kartoffeln in Kombination mit: Eiern, Milch, Milchprodukten
- Nüsse und Samen in Kombination mit: Brot, Getreide, Hülsenfrüchten, Milch, Milchprodukten
- Milch und Milchprodukte in Kombination mit: Brot, Getreide, Mais, Kartoffeln, Hülsenfrüchten, Nüssen
- Eier in Kombination mit: Hülsenfrüchten, Kartoffeln

Schwarze Bohnen

Von der dunklen Nacht, dem schwarzen Wasser (Niere/Blase/salzig, Wurzeln) über das grüne, sich ausbreitende Gewächs alles Hölzernen (Leber/Gallenblase/sauer) zum feurig rot Erblühten (Herz/Dünndarm/bitter) bis zur gelben Ernte (Magen/Milz/süss) können wir die 5 Farben und 5 Geschmacksrichtungen auch unseren Organen, Schichten und physischen/psychischen Funktionen zuordnen. Es geht immer um die Gewinnung der Essenz, dem metallisch reinen Weissen (Lunge/Dickdarm/scharf). Diese Essenz muss fliessen, sonst werden wir krank.

Alle Lebensmittel sollten, der Signatur entsprechend, zusammengestellt und gemischt gekocht werden.

Wir achten gleichzeitig auf die Mischung der Geschmacksrichtung, von salzig, zu sauer, bitter, süß und scharf, damit wir gut gesättigt werden. Wir verwenden die ganzen Pflanzen von der Wurzel, dem Stengel und Blatt, der Blüte bis zu der Frucht, damit wir uns in allen Schichten über den Stoffwechsel bis in die Organe hinein nähren können.

Geschnittenes Gemüse mit Hülsenfrüchten

Die Basis der vegetarischen Ernährung besteht aus:
Reis (tonisiert die Milz), verschiedenen Vollkorn-Getreiden, wie Dinkel, Mais, usw., Quinoa und Hülsenfrüchten. Sie bilden die Mauer des Ernährungshauses. Weissmehle sind, wenn möglich, zu vermeiden.

"Die grösste Umwälzung im Leben des Menschen auf Erden muss fraglos die Einführung des Kornanbaus gewesen sein. Die Idee, Korn anzubauen, zeugt von tausendmal mehr Genie, erfordert tausendmal mehr unbegreifliche Schöpferkraft der Fantasie und birgt in sich für die Geschichte des Menschengeistes tausendmal mehr Bedeutung, als irgendeine der gerühmten Erfindungen und Entdeckungen unserer Tage."
Houston Stewart Chamberlain

Reis und Getreide

Aufgrund der universellen Einflüsse der Planeten können wir für jeden Tag[5] in Form von Suppen, Aufläufen oder Gratins mit Gemüse ergänzt eine Sorte Korn kochen. Und weil die Woche sieben Tage hat, berücksichtigen wir in den Rezepten sieben Getreidesorten. Aus diesen kreierten wir jeweils 9 Menüvorschläge[6].

Wir hören dem Reis zu, wie er aus dem Wasser Dampf erzeugt. Reiskochen ist geheimnisvoll. Dies gilt zum Beispiel auch für das Kochen schwarzer Bohnen oder von Linsen. Wir müssen ihnen zuhören. Sie erzählen tanzend Geschichten ihres langen Wegs, den sie schon hinter sich haben, bis sie in unserer Pfanne garen!

---

[5] Vgl, Getreideküche im Rhythmus der Wochentage, Emma Graf sowie Unerhörtes aus der Medizin, Dr. Jürg Reinhard.
[6] Siehe Buch „Die 9 Kreise, Qi Gong für Leute von heute"

Getreide, Reis und Hülsenfrüchte

Zur Wahl von Lebensmitteln:
Der Gesundheit kommt es zugute, wenn wir unsere Lebensmittel regional, saisonal und aus ökologischer Produktion wählen. Die Gemüse wählen wir nach ihrer Signatur und Farbe. Alle Farben der Pflanzen z.b. schwarz, grün, rot, gelb und weiß sollen vertreten sein. Die Farben holen die Gestaltkräfte und somit die Essenzen hervor. Wir achten darauf, dass wir das Gemüse so schneiden, dass seine Mineralien in den Fasern erhalten bleiben. Wir schneiden gegen die Faser, schneiden nicht lange Zeit im Voraus und wir legen das Gemüse nicht vor dem Kochen im Wasser ein. Das Gemüse kann gedünstet oder gedämpft werden. Es sollte dabei noch etwas knackig bleiben. Wir kochen eher Blumenkohl, Brokkoli, Kohlarten, Federkohl (reich an Vitamin C), Karotten, Fenchel, Randen (gut für Eisen- und Blutaufbau), Rüben, Lauch, Sellerie, Artischocken (Bitterstoffe), dann aber auch Sojasprossen mit den energiereichen ungesättigten Fettsäuren. Yamswurzel eignet sich zur Krebsvorsorge.

Wir achten darauf, Nachtschattengewächse wie Tomaten, Kartoffeln (ausser Süsskartoffeln), Auberginen, Gurken, Zucchetti, aber auch Rohkost und Gemüsesäfte einzuschränken. Pilze sind sehr gut für den Milzaufbau (Champignons). Shitake und andere Pilze dienen der Krebsvorbeugung.

Allgemeine Tipps:

Wir empfehlen mit Nüssen, Sprösslingen, Sesam, Leinsamen, Meeresalgen und Kastanien die Speisen anzureichern.

Keime und Samen von Mungobohnen, grünen Linsen und Alfalfa (von rechts nach links im Uhrzeigersinn)

Salate:
Salate jeder Art sollten nur nach einer warmen Suppe genossen werden. Man sollte sehr gut kauen, mahlen. Durchs Kauen entstehen Verdauungsenzyme und ein feingemahlener Speisebrei ist leichter verdaulich.

Fisch/Fleisch:
Für jene, die Fleisch und Fisch lieben, empfehlen wir Fleisch oder Fisch zu grillieren oder zu dünsten. Wir versuchen, Schweinefleisch, Wurstwaren und Schalentiere zu meiden.

Fette:
Frittierte Speisen sollten vermieden werden. Wir verwenden keine gebrannte Butter, keine Tierfette und keine Industrialisierten Saucen/Salatsaucen. Wir verwenden kaltgepresstes Oliven-, Distel-, Kokos-, Raps-, Sesam-, Leinöl oder Ghee.
Für Saucen, Suppen und Backwaren kann auch Kokosfett oder Kokosmilch eingesetzt werden.

Gewürze:
Gewürze regen die Verdauung an, erwärmen und verteilen. Sie haben deshalb eine besonders wichtige Stellung in der Küche.

Ingwer:
- erwärmend und schweisstreibend
- öffnend (Lunge) gut bei Erkältungen und Schleim
- reguliert den Magen (gut gegen Übelkeit)

Galgant:
- erwärmend, krampflösend und entzündungshemmend
- Herz regulierendes Ingwergewächs
- gegen Sodbrennen und Aufstossen

Pfeffer und Chili:
- wärmend

Senfsamen:
- Gelber, brauner und schwarzer Senf.
- Appetitanregend, magenstärkend, fiebersenkend, entkrampfend.
- Die Körner werden als erstes in das heisse Fett gegeben und zum Springen gebracht.
- Für alle Curry- und Dalgerichte.

Cumin, auch Kreuzkümmel oder Mutterkümmel genannt:
- Entblähend.
- Geeignet vor allem für Gerichte aus Hülsenfrüchten, Kohl und Gemüsen.
- Frisch gemahlen sehr aromatisch.

Koriander und Korianderkraut:
- Als Blätter und Körner zu verwenden.
- Magenschonend, verdauungsfördernd, stärkend für den Körper, insbesondere für das Herz.
- Körner vor allem für Curries, Gemüse Suppen, Chutneys, Brot.
- Blätter als Beigabe zu Suppen, Gemüse, Getreide.

Kurkuma, auch Gelbwurz genannt:
- Der Safran des armen Mannes.
- Kräftigend für den Gesamtorganismus, entgiftend, reinigend.
- Geeignet für Currys, Chutneys, Dals, Gemüse und zur Färbung von Reisgerichten.

Curryblätter:
- Gut für Leber und Niere, harntreibend, neutralisieren überschüssige Magensäure.
- Geeignet für Currygerichte, Chutneys, Suppen und Dals.

Kardamom:
- Stimuliert das Herz und gilt als Mittel der Gedächtnisförderung, regt die Verdauung an. Nach dem Essen gekaute Samen geben frischen Atem, eine Messerspitze gemahlener Kardamom in den Kaffee macht ihn verträglicher.
- Bestandteil der indischen Würzmischung Garam Masala.
- Geeignet für Süsspeisen, Chutneys und Currys.

Zimt:
- Magenstärkend, leberstärkend, antiseptisch.
- Geeignet für Obstkompotte, Chutneys, Currys, Tees und Getränken.
- Bestandteil der Würzmischung Garam Masala.

Fenchelsamen:
- Entblähend, stärkt die Nervenkraft und fördert den Schlaf.
- Geeignet für Brote und Gebäck.
- Bestandteil der Würzmischung Garam Masala

Schwarzer Pfeffer:
- Eines der ältesten Gewürze.
- Verdauungsanregend, reinigend, fördert klares Denken und Konzentrationskraft.
- Geeignet für nahezu alle Speisen sogar in Süssspeisen, mässig anwenden.
- Bestandteil der Würzmischung Garam Masala

Garam Masala:
- Wirkt ausgleichend.
- Für 150 g Gewürzpulver braucht es:

4	El	Koriandersamen
2	El	Kreuzkümmelsamen
1	Tl	Fenchelsamen
1½	Tl	schwarzer Pfeffer
7		Nelken
7		Kardamomkapseln
½	Tl	Zimt

Koriander, Kreuzkümmel und Fenchel kurz in einer Pfanne trocken rösten. In einem Mörser fein zermahlen, übrige Körner, Samen beigeben und im Mörser fein mahlen. In ein gut verschliessbares Glas abfüllen.

Salze (in Massen genossen):
- eher kühlend
- Blut entgiftend
- verflüssigende und aufbauende Wirkung

Zu meiden sind etwa Glutamate, Zusatz-, Konservierungs- und Farbstoffe.

Kräuter:
Petersilie (muttermilchbildend, Herz anregend), Dill, Basilikum, Koriander (entschlackend) Quendel, Löwenzahn, Salbei, Lorbeer, Gewürznelken, Oregano und andere Kräuter sind Geschmacks- und ergänzende Nahrungsmittel in einem. Knoblauch regt den Herzkreislauf und den Stoffwechsel an. Zwiebeln, vor allem Frühjahrszwiebeln, wirken öffnend.

Süssmittel:
Den raffinierten Zucker lassen wir weg. Wir können Ahornsirup, Birnendicksaft, Honig, Stevia, Agavendicksaft verwenden. Je nach Bedarf verwenden wir Vollrohrzucker oder ersetzen ihn durch Rosinen, Datteln, Feigen und gekochte Früchte, Kokosflocken.

Milchprodukte:
Wir meiden Produkte von der Kuh, wie Milch, Joghurt, Quark, Weichkäse, Glaces, da diese kälte- und schleimbildend wirken. Hartkäse, vor allem vom Schaf oder von der Ziege sind, auch warm gemacht, empfehlenswert. Als Alternative zu Kuhmilchprodukten bieten sich Reis-, Nuss-, Mandel- und alle Getreidemilchsorten, sowie Sojamilch, Sojajoghurt und Sojarahm, ebenso Schafsmilchprodukte an. Diese eignen sich auch bei Laktoseintoleranz.

Mehle:
Allgemein sind dunklere und Vollkornmehle nährstoff- und ballaststoffreicher und deshalb dem weissen Mehl vorzuziehen. Dinkelmehle sind nährwertreicher als der Weizen und werden bei Weizenunverträglichkeit verwendet. In unserem Kulturkreis sind das die üblichen Getreidesorten.
Wir haben natürlich auch die Möglichkeit Roggen-, Mais-, Kastanien-, Hirse- und Reismehl einzusetzen.

Desserts:
Desserts bestehen aus Apfelmus, Kaki, gekochten Äpfeln, Birnen, Papayas und Mangos (reich an Vitamin A, B, C und E), die leicht erwärmt und mit Kokosraspeln, Zimt und/oder Ingwer gekrönt werden.
Dazu kann ergänzend auch Schafkäse serviert werden. Ananas sollten wir wegen ihrer Säure meiden, da sie im Körper Magnesium und Enzyme freisetzen. (Warme) Bananen sind super für den Magnesium-Calcium-Ausgleich.
Frische Beeren im Sommer stimmen in ein Hurra von Vitamin C ein.

Getränke:
Während und unmittelbar nach dem Essen sollte man nicht viel trinken, um die Verdauungssäfte nicht zu verdünnen.
Wir geben zum Anregen der Verdauungssäfte im Voraus Bitterstoffe, z.B. Cynaria. Ein Gläschen davon erfüllt schon seinen Zweck. Als tonisierendes Getränk geben wir gerne abgekochtes Wasser mit Ingwer und im Sommer mit etwas Zitronenmelisse oder Holunder dazu. Ebenso erfrischenden Chrysanthemen- oder Rosentee. Die Mahlzeit darf mit einem Espresso und einer Prise Salz gekrönt werden.

Auch alkoholische Getränke haben ihren Heilwert. Sie sind nicht einfach zu verpönen. Es kommt aber immer auf die Dosis an: Ein Glas guten Burgunderwein oder ein Enzianschnaps haben eine heilsame Wirkung.
Der tonisierende Artemisia Compositum Tee von Dr. Fisch (S. 87) ist das Getränk, das wir als Tagesgetränk zum Aufwärmen empfehlen. Im Sommer reichen wir es mit etwas Fenchel dazu und weniger stark.

Achtsam essen, achtsam leben
Thich Nhat Hanh schreibt nach der Abhandlung des Sutras über das Fleisch des Sohnes: "Wir müssen so essen, dass wir in unserem Herzen Mitgefühl bewahren. Wir müssen in Achtsamkeit essen. Sonst werden wir das Fleisch unserer eigenen Kinder essen. Tatsächlich rührt ein großer Teil des Leidens in der Welt daher, dass wir nicht achtsam essen, dass wir das, was wir essen und wie wir es essen, nicht tief betrachten.

Dieses unachtsame Essen kann auch zu unserer Gewichtszunahme oder - abnahme führen, uns krank machen, und es hat negative Folgen für die Gesundheit unseres Planeten."

Achtsamkeit heisst mit Körper und Geistimpuls etwas ganz zu tun. „Wenn ich einatme, weiß ich dass ich einatme, wenn ich ausatme, weiß ich, dass ich ausatme. Wenn ich esse, weiß ich dass ich esse. Wenn ich sitze, dann sitze ich, wenn ich gehe, dann gehe ich!"

Für die Gemeinschaft zu kochen und gemeinsam zu essen und dabei an alle Wesen zu denken, die nicht genug oder nichts zu essen haben oder immer alleine essen, macht einen Unterschied.

„Eine achtsame Haltung bei der Zubereitung und beim Essen spenden entspannte Ruhe und Freude. Eine Mahlzeit gemeinsam zuzubereiten und zu essen produziert Qi und macht nicht müde. Streit, Lärm und Heftigkeiten haben keinen Platz am Tisch. Ist der Geist im Einklang mit der Natur und das Herz rein, dann kann gut verdaut werden. Alle Gerichte frisch und mit Hingabe selbst gekocht, sorgen für die beste Verdauung" (Dr. G. Fisch).

5. Rezepte

A. Suppen

Indische Kartoffelsuppe

Indische Kartoffelsuppe

1. a) Kokosmilch Reissuppe mit grüner Papaya

2	El	Olivenöl	➤ erhitzen
3		Knoblauchzehen	➤ fein schneiden, zugeben und andünsten
100	g	Frühlingszwiebeln	
50	g	Basmatireis, weiss oder halbvollkorn	➤ zugeben
8	dl	Wasser warm	➤ zugeben
6	dl	Kokosmilch und Gemüsebouillon, Pulver oder Würfel	➤ zugeben
200	g	grüne Papaya	➤ raffeln, zugeben
200	g	Fenchel	
1		Lorbeerblatt	➤ zugeben und gar kochen
1		Nelke	
1		Pfefferschote	
2		Korianderkapseln	
		Curry, Senfsamen, Salz	
2		Kochbananen in Diagonalscheiben (½ cm)	➤ würzen mit Zimt, Pfeffer und Salz
1	El	Ghee	➤ erhitzen, Bananen anbraten und am Schluss zur Suppe geben
		Dill klein geschnitten	➤ vor dem Servieren darüber streuen

b) Misosuppe mit schwarzen Reisnudeln

1,2	l	Wasser	➤ zum Kochen bringen
1		Knoblauchzehe gehackt	➤ zugeben und 10 Min.
2		Frühlingszwiebeln kleingeschnitten	kochen lassen
2		Karotten geraffelt	
½		Lauchstange in Streifen geschnitten	
2	El	Misopaste	
2		ganze Eier mit Schale	
1	Msp	Lichtwurzelsalz	
		Pfefferschote	
2		Nelken	
2		Lorbeerblätter	
1		Sternanis	
4	El	Petersilie gehackt	
80	g	schwarze Reisnudeln	➤ zugeben und ca. 7 Min.
8		vorgekochte Kastanien	weiterkochen lassen bis die Nudeln gar sind, die Eier herausnehmen, schälen, halbieren und in die Suppe einlegen, evtl. noch etwas Wasser und Miso hinzufügen

2. Hafersuppe

2	El	Olivenöl	➤ erhitzen
1		Schalotte in Würfel	➤ sanft andünsten
3		Knoblauchzehen gehackt	➤ zugeben und mitdünsten
½		Peperoncino gehackt	
100	g	Haferschrot	➤ mitdünsten
200	g	Karotten in Würfel	➤ zugeben
1		Gemüsebouillon	➤ zugeben
1		Lorbeerblatt	➤ zugeben und ca. 30 Min. köcheln lassen bis alles gar ist
		schwarzer Pfeffer	
100	g	Grünkohl in feine Streifen geschnitten	
		Salz	➤ zum Abschmecken

3. Italienische Gerstensuppe

80	g	Rollgerste	➤ über Nacht separat quellen lassen und am anderen Tag Einweichwasser abgiessen
60	g	getrocknete weisse Bohnen	
1	l	Wasser	➤ Bohnen 45 Min. darin kochen lassen
200	g	Mischgemüse geschnitten Lauch, Karotten, Sellerie, Kohlrabi	➤ Rollgerste und alle anderen Zutaten zugeben und ca. ¾ Std. kochen Lassen
1	El	Gemüsebouillon	
1		Lorbeerblatt	
1	Tl	Thymian	
1		Nelke	
		schwarzer Pfeffer aus der Mühle	
		Salz	➤ vor dem Servieren Zugeben
4	El	Petersilie	

4. a) Dinkel-Gemüsesuppe

120	g	Dinkel	➤ über Nacht in Wasser Einweichen
400	g	Gemüse gemischt (der Saison entsprechend)	➤ in Streifen schneiden
4		Shitakepilze getrocknet	➤ mit heissem Wasser übergiessen und nach 10 Min. in feine Streifen Schneiden
1	El	Ingwer gerieben	➤ alles in einen Topf mit dem Dinkel, den Pilzen und dem Gemüse geben, und 40-60 Min. köcheln Lassen
1	Tl	Kurkuma gemahlen	
4		Lorbeerblätter	
2		Nelken	
		Muskat, schwarzer Pfeffer	
		Algen	
1,2	l	Gemüsebouillon	
6	El	Sojasauce	➤ vor dem Anrichten Zugeben

Evtl. noch Wasser zugeben. Gemüse mit kurzer Garzeit entsprechend später zugeben.
Man kann an Stelle von Dinkelkörner auch Reis- oder Glasnudeln verwenden. Diese gibt man dann erst die letzten 7 Min. der Kochzeit zu.

b) Rote Beetensuppe

2	El	Kokosfett	➤ erhitzen
1		Zwiebel kleingeschnitten	➤ alles zusammen Andünsten
2		Knoblauchzehen gehackt	
1		Zitronengrasstengel	
		Muskat	
		schwarzer Pfeffer	
		Ingwer nach Belieben	
8	dl	Wasser heiss	➤ zugeben
500	g	rote Beeten in Würfel	➤ zugeben, gar kochen und pürieren, Zitronenstengel vor dem Pürieren Herausnehmen
3	El	Petersilie	
2	El	frischer Koriander	
		Salz	➤ zum Abschmecken
1-2	dl	Kokosmilch	➤ zugeben
		getrocknete Heublümchen	➤ vor dem Servieren darüber streuen

5. Kürbis-Kokossuppe

2	El	Ghee	➤ erhitzen
2		Zwiebeln in Ringe geschnitten	➤ andünsten
2	El	Ingwer gehackt	
500	g	Kürbis (Butternuss oder Potimarron) gewaschen und entkernt in Stücke geschnitten	➤ zugeben und mitdünsten
¾	l	Kokosmilch	➤ zugeben, umrühren und 20-30 Min. köcheln lassen
¾	l	Gemüsebouillon	
60	g	Hirseflöckchen	
3	Tl	Currypulver	
		Salz	
1		Nelke	➤ diese Zutaten herausnehmen und die Suppe pürieren
1		Lorbeerblatt	
		Zitronengras	
		abgeriebene Schale einer Orange	➤ zum Garnieren vor dem Servieren darüber Streuen
		Koriander gehackt	
		Kokoschips nach Belieben	

Der Kürbis ist austauschbar mit Karotten oder Süsskartoffeln. Nach Belieben nimmt man vor dem Pürieren ein paar Kürbisstücke und Zwiebelringe raus und legt sie dann in die pürierte Suppe zurück.

6. Indische Linsen-Roggensuppe

2	El	Olivenöl	➤ erhitzen
1		Zwiebel in Würfel	➤ andünsten
1		Knoblauchzehe gehackt	
200	g	Karotten in Würfel	➤ kurz mitdünsten
150	g	rote Linsen	
50	g	Roggenschrot	
1	dl	Weisswein	➤ ablöschen und einkochen Lassen
¾	l	Wasser warm	➤ dazugiessen
½		Bund Petersilie gehackt	➤ alles zugeben, ca. 20 Min. köcheln lassen, und nach Belieben pürieren
1	Tl	Curry oder Currypaste	
1	Tl	Gemüsebouillon	
1	Tl	Salz	
1	Msp	Cayenne Pfeffer	
2	Msp	frisch gemahlener Pfeffer	
2½	dl	Kokosmilch	➤ zugeben und kurz weiterköcheln lassen
3	El	Zitronensaft	➤ vor dem Servieren zugeben, evtl. nochmals Nachwürzen

Serviervorschlag: Zur Dekorationen können geröstete Kokosflocken über die Suppe gestreut werden.
Tipp: Je nach Saison können die Karotten durch ein Stück Kürbis ersetzt werden.

7. Maissuppe

2		Maiskolben	➤ in Salzwasser gar kochen und abschaben
1	El	Sojaöl	➤ erhitzen
120	g	Frühlingszwiebeln oder Lauch Feingehackt	➤ andünsten
2		Knoblauchzehen feingehackt	
1		grosse Karotte in Würfel	
3	dl	Kokosmilch	➤ ablöschen und Maiskörner dazugeben
7	dl	Gemüsebouillon	➤ zugeben, weiterkochen lassen und abschmecken
1		Chilischote	
		Koriander, Petersilie	
		Salz	
		Weisswein	➤ nach Belieben vor dem Servieren einen guten Schuss dazugeben

8. Acht-Schätze-Suppe
(ausnahmsweise 10-12 Portionen)

40	g	Vollkornreis	➤ alles zusammen über Nacht quellen lassen, Einweichwasser abgiessen (ist guter Blumendünger)
40	g	rote und braune Linsen	
40	g	schwarze Bohnen	
40	g	grüne Mungbohnen	
40	g	Kichererbsen	
3	l	Gemüsebouillon	➤ zugeben
3		Drachenaugen (asiatische Frucht) oder Lychees	➤ zugeben und 2 Std. kochen lassen
1		Dattel	
1		Birne	
1		Lauchstengel	
50	g	Frühlingszwiebeln	
1		grosse Süsskartoffel kleingeschnitten	
2	El	Ingwer gehackt	
3	El	Petersilie gehackt schwarzer Pfeffer	
		Salz	➤ vor dem Servieren zugeben

Tipps:
Täglich 1-3 Teller Suppe essen. Zur Vorspeise 15 Tropfen Amara oder Cynaria in warmem Wasser, als Bitterstoff für die Leber.
Zum Dessert einen Granatapfel oder eine Kaki für ein gesundes Herz, das durch die gesunde Mitte von unten durch die wärmende Suppe natürlich gestützt wird.

Die Getreide tun ihre Sache für sich selbst: Kichererbsen für die gute Mitte (Magen/Milz), schwarze Bohnen für die Nieren, Reis, Süsskartoffeln und Dattel für die Milz, Sojabohnen für den Stoffwechsel, Lauch, Frühlingszwiebeln und Birne für die Lungen.

Nach Belieben kann etwas Dinkel, Quinoa oder Chia beigegeben werden
An Stelle von Süsskartoffeln kann auch ein Stück Kürbis mitgekocht werden.
Diese Suppe eignet sich sehr gut zum Frühstück. Zur idealen Stärkung der Mitte empfehlen wir dann 2 Feigen, 1 Apfel und geriebene Zitronenschale mitzukochen.

9. a) Indische Kartoffelsuppe

500	g	Kartoffeln, mehlig kochende Sorte	➤ in kleine Würfel Schneiden
2	El	Ghee	➤ erhitzen
100	g	Zwiebeln gehackt	➤ zusammen mit den Kartoffeln andünsten
2-3	Tl	Curry	➤ zugeben und kurz mitrösten
¼	Tl	Kardamompulver	
½	Tl	Koriander gemahlen schwarzer Pfeffer aus der Mühle	
2	dl	Kokosmilch	➤ zugeben, und alles weich kochen
8	dl	Gemüsebouillon	
		Salz	➤ abschmecken

Die Suppe kann nach dem Kochen püriert werden.

b) Süsskartoffelsuppe

1	El	Olivenöl	➤ erhitzen
1		Schalotte gehackt	➤ andünsten
1	El	Ingwer gehackt	
450	g	Süsskartoffeln geschält und in Würfel geschnitten	➤ zugeben und ein paar Min. mitdünsten
1	l	Gemüsebouillon	➤ zugeben und ca. 20 Min köcheln lassen, pürieren
3	El	Butter	➤ zugeben, abschmecken
¼	Tl	Muskatnuss Pfeffer aus der Mühle Salz	
1	El	Ziegenfrischkäse	➤ in jeden Teller geben
		Wasserkresse	➤ drüber streuen

8-Schätze-Suppe

8-Schätze-Suppe

B. Hauptmahlzeiten

Schwarze Bohnen mit Reis

Gedanken beim Reisessen von Dr. Urs Ramseyer

Reis gehört zu den wichtigsten Nutzpflanzen der Erde. Die Hälfte der Menschheit ernährt sich von ihm. Der weitaus grösste Teil der Reis-Weltproduktion von geschätzt 475 Millionen Tonnen Reis (2015/16) wird in Asien erzeugt; nur 2 Prozent in den westlichen Anbaugebieten der USA und Europas.

Oryza sativa lautet die botanische Bezeichnung des Getreidegrases, das zusammen mit drei anderen Getreiden – Weizen, Mais und Hirse – zu den unverzichtbaren Grundnahrungsmitteln der Menschen gehört. Für zwei Milliarden Asiaten ist Reis die Lebensgrundlage, das „tägliche Brot" und oftmals auch die einzige Erwerbsquelle, der „Brotverdienst". Für viele von uns ist Reis eine Beilage, die zwar manchmal wundervoll duftet, über deren ernährungsphysiologische und agrarkulturelle Bedeutung wir uns jedoch kaum den Kopf zerbrechen. Im Zuge der globalen Problematik der Welternährung und der Grünen Revolution haben wir uns angewöhnt, Nahrung als einen Bereich der Landwirtschaft zu sehen und nicht mehr als Teil einer Agrarkultur, in der soziale, religiöse, ethisch-moralische, technologische und auch wirtschaftliche Komponenten wie in einem Räderwerk ineinander spielten.

In den traditionellen Reisanbaugebieten Asiens, wie sie heute noch in Indonesien oder auch Japan existieren, ist Reis die lebensstiftende und lebenserhaltende Nutzpflanze par excellence. Doch Reis ist mehr. Sein Anbau und seine Wachstumsphasen bestimmen vielfach die Arbeitsteilung zwischen Männern und Frauen und die Formen gesellschaftlicher Organisation. Der Respekt, den der Mensch der Reispflanze und dem Reiskorn zollt, findet Ausdruck in Mythen, Glaubens- und Wertvorstellungen, und in Ritualen, mit denen die Lebensstadien der „göttlichen" Reispflanze von der Aussaat bis zur Ernte begleitet werden. Reisanbau ist Kultur in der doppelten Bedeutung von *cultura* und *cultus,* von Anbau und Verehrung.

In vielen asiatischen Sprachen ist das Verb „essen" gleichbedeutend mit „Reis essen". Reis gilt als Nahrung schlechthin. Reis ist Leben: Die Reispflanze, oftmals als weibliche Gottheit verehrt, ermöglicht menschliches Leben in physiologischer Hinsicht und ist zugleich Teil des allumfassenden Lebens, der kosmischen Ordnung und der beseelten Natur, als deren Teil sich auch der Mensch versteht.
Die westliche Agrarindustrie und das globale wirtschaftsorientierte Denken haben, getreu der biblischen Maxime, dass der Mensch sich die Erde untertan zu machen habe, zu einer mehr oder weniger radikalen Veränderung vieler traditioneller Agrarkulturen geführt. Neue, schnellwüchsige Reissorten sind gezüchtet worden, die zwar insgesamt ertragreicher, jedoch vom Einsatz chemischer Düngemittel und Pestiziden abhängig sind. Gleichzeitig hat der landwirtschaftliche, durch nationale Wirtschaftspolitik veranlasste Eingriff in kleinräumigere Lebenszusammenhänge mit den Agrarkulturen auch viele soziale und kulturelle Faktoren des Zusammenlebens verändert oder zerstört. So sind mit den neuen Produktionsweisen auch neue Macht- und Herrschaftsverhältnisse geschaffen worden, neue Abhängigkeiten zwischen Mann und Frau, Arm und Reich. Dabei sind jahrhundertealte kulturelle Ordnungen und soziale Selbstverständlichkeiten umgestossen, Glaubensinhalte und Fundamente menschlicher Identität zerbrochen worden.

Reis kochen, sieden und dämpfen:
Zum Respekt, der dem Reis und den Reisbauern gebührt, zählt auch die richtige Auswahl und die Zubereitung schmackhafter Reissorten.
Die Zubereitung asiatischer Reisgerichte ist heute einfacher geworden, nachdem inzwischen praktisch flächendeckend mehrere geeignete Reissorten angeboten werden und auch Gewürze und Zutaten in reicher Auswahl vorhanden sind. Neben aromatischen Tafelreisen aus Indien und Bangladesch

(Basmati) und Langkornreisen aus China und Thailand (Parfum-Reis) erhält man fast überall den aromatisch zwar ärmeren Patna-Langkornreis aus Thailand, der sich aber durchaus für Reisgerichte eignet, die mit Gewürzen und Geschmackszutaten zubereitet werden. Ungeeignet für die asiatische Küche sind jedoch die körnigen amerikanischen Parboiled-Langkornreis.

Kochen:
Auf eine Tasse Reis werden zwei Tassen Wasser in den Topf gegeben, zum Kochen gebracht und 15- 20 Minuten lang gesiedet. Gerührt wird nicht häufiger als ein- bis zweimal, von Zeit zu Zeit wird jedoch der Deckel abgehoben. Salz braucht nicht hinzugefügt zu werden, da die Zutaten im Allgemeinen genügend gesalzen und gewürzt sind.

Sieden und Dämpfen:
Der Reis wird in einen kegelförmigen Flechtbehälter oder siebartigen Reiskocher gegeben, die in den mit siedendem Wasser gefüllten Topf gebracht werden. Hier bleibt der Reis 10 Minuten lang zugedeckt bei kleinem Feuer hängen. Dann wird ein Teil des Wassers abgegossen, so dass der Reis weitere 15 Minuten lang nicht mehr im Wasser, sondern im Dampf gar dünsten kann.
Urs Ramseyer

Tipp: Brauner und roter Reis, Wildreis oder Vollkornreis und europäische Reissorten können verwendet werden und Abwechslung bringen. Anstelle von reinem Wasser kann auch etwas Gemüsebouillon oder ein paar Tropfen gutes Öl beigegeben werden.
Vollkornreis braucht mindestens die doppelte Kochzeit als weisser Reis.

Dampfender Reis

Den Reis kochen hören

1. a) Gemüsecurry mit Reis

2	El	Ghee	➤ erhitzen
1-2		Zwiebeln gehackt	➤ zugeben und sanft glasig/goldig dünsten
2		Knoblauchzehen gehackt	
2	El	Ingwer gehackt	
1	Tl	Korianderkörner	➤ im Mörser zerkleinern
1	Tl	Kreuzkümmel	
1		rote Chilischote	
¾	Tl	Kurkuma	➤ zusammen mit Gewürzen, Zwiebeln, Knoblauch und Ingwer Anbräunen
¾	Tl	Paprika	
1		Zimtstengel	➤ zugeben und 10 Min köcheln lassen
1		Lorbeerblatt	
2½	dl	Gemüsebouillon	
800	g	Gemüse der Saison z.b. Karotten, grüne Bohnen, grüne Erbsen, Kartoffeln, Süsskartoffeln	➤ in Würfel bzw. Scheiben schneiden, zugeben und 10-15 Min. weiterköcheln lassen, Zimtstengel Entfernen
2	dl	Kokosmilch	➤ zugeben
½	Tl	Zitronensaft	
		Salz	➤ abschmecken und mit Reis und frischem Korianderkraut servieren
½	Tl	Garam Masala	

b) Green Curry (balinesisches Gemüse mit Reis)

5	dl	Wasser	➤ alles in einen Topf geben und zum Kochen bringen
1	Tl	Salz	
1	El	grüne Currypaste	
		schwarzer Pfeffer	
½	El	Gemüsebouillon	
5		Curryblätter	
2½	dl	Kokosmilch	
100	g	Karotten	➤ vorbereiten und alles in feine Streifen schneiden
100	g	Zucchini	
100	g	asiatischer Kohl	
4		Mini-Thai- Auberginen	➤ zusammen mit dem anderen Gemüse in die kochende Brühe geben und knackig kochen
4		kleine Mini-Maiskolben	
10		Kefen	
100	g	Sojasprossen	➤ gegen Ende zugeben, kurz mitkochen

Dazu passt Reis.

c) Risotto mit Gemüse

1	El	Olivenöl	➤ erhitzen
3		Zwiebel gehackt	➤ andünsten
6		Knoblauchzehen gehackt	
200	g	Rundkornreis, (Arborio od. anderen italienischen Reis)	➤ zugeben, umrühren und wenn er glasig ist
5	dl	Weisswein (Muscadet) oder Champagner	➤ sofort beimischen, köcheln lassen
2		Bouillonwürfel etwas Salz, schwarzer Pfeffer, Paprikapulver oder Curry nach Belieben	➤ zugeben und umrühren, der Reis darf nie trocken sein, es sollte immer eine dickflüssige Sache sein
2½	dl	Wasser	➤ nach und nach einrühren
2½	dl	Weisswein oder Champagner	
500	g	Gemüse wie Peperoni, Zucchini oder Erbsen	➤ in Stücke geschnitten separat leicht anbraten, und 10 Min. gegen Ende Mitkochen

Der Reis sollte als dickflüssige Masse auf den Tisch kommen! Die Flüssigkeit wird vom Reis aufgesogen. Nach italienischer Art darf der Reis nicht verkocht sein, man muss ihn beissen können!
Nach Belieben wird der Risotto traditionsgemäss mit geriebenem Parmesan serviert.

Risotto-Zutaten

Risotto

d) Roter Thaicurry mit Reis

2	Tl	rote Currypaste oder rote Currymischung	➤ 3. Min zusammen kochen
5	El	Kokosmilch	
2	dl	Kokosmilch	➤ zugeben
2	dl	Wasser	
4	El	Sojasauce	
1	El	Fischsauce	
1	El	Zitronensaft	
1	El	Vollrohzucker oder Zuckerersatz	
6-8		Kaffirlimettenblätter	
1		frische Ananas in Würfel geschnitten	➤ zugeben, und mind. 15 Min. köcheln lassen
15		frische Lychees	
1		Zwiebel in Stücken	
1		Bund Thaibasilikum-Blätter	➤ zugeben, aufkochen und köcheln lassen
250	g	halbierte Kirschtomaten	

Tipp: Geröstete Nüsse, Sonnenblumenkerne, Kürbiskerne und Reis können dazu gereicht werden. Kirschtomaten können auch weggelassen werden.

2. a) Hafer mit Saisongemüse

200	g	Haferkerne	➤ über Nacht, oder am Morgen für den Abend, einweichen, zum Kochen bringen
5	dl	Wasser	
800	g	Gemüse nach Saison Karotten, Pastinaken, Sellerie, Krautstile	➤ in grösseren Stücken auf den Hafer legen, evtl. noch etwas Wasser dazugeben, und ½ Std. köcheln und ¼ Std. nachgaren lassen
		Sojasauce, frische Kräuter feingehackt und schwarzer Pfeffer	➤ zum Würzen darüber streuen

Tipp: Chutneys, süsse Sojasauce und Joghurtkräuter-Dip aus Schafsmilch sind passend.

b) Schwarze Bohnen mit Reis

250	g	schwarze Bohnen	➤ über Nacht einweichen
2	El	Olivenöl	➤ erhitzen
1		Zwiebel in Würfel geschnitten	➤ zugeben und andünsten
2		Knoblauchzehen gehackt	
1		Tomate gehackt	➤ zugeben
		Petersilie und etwas Lauch kleingeschnitten	
1		Karotte kleingeschnitten	
½		Sellerieknolle kleingeschnitten	
2		Lorbeerblätter	➤ zugeben, das Einweichwasser der Bohnen abschütten und Bohnen unter die die anderen Zutaten mischen
1		Sternanis	
1		Pfefferschote	
1			
1	Tl	Curry	
2	Msp	Muskat	
1	l	Wasser warm	➤ dazugiessen, ca. 2 Std. köcheln lassen, und immer wieder etwas einstampfen
		Salz	➤ am Schluss zugeben
		Kokosraspeln	

Reis separat kochen und dazu servieren

3. Rollgersten-Eintopf mit Gemüse

150	g	rote Kidneybohnen	➤ über Nacht getrennt einweichen
200	g	Bündner Rollgerste	
7	dl	Wasser	➤ geschüttete Bohnen zugeben und 45. Min. kochen lassen
2	El	Olivenöl	➤ erhitzen
1		rote Zwiebel oder	➤ alles andünsten und die abgeschüttete Rollgerste mitdünsten
3		Schalotten gewürfelt	
3		Knoblauchzehen gehackt	
2		Lorbeerblätter	
3		Gewürznelken	
2	Msp	Muskat	
½	Tl	Thymian	
1	l	Wasser warm	➤ dazu giessen, und die Bohnen mit Kochflüssigkeit zugeben
400	g	verschiedene Saisongemüse	➤ je nach Garzeit zugeben
1	Tl	Salz	➤ zugeben wenn alles gar ist

Tipp. Frischer Bärlauch oder Schnittlauch, Parmesan und/oder Schafskäse können dazu serviert werden.

4. a) Indisches Auberginencurry

700	g	Auberginen	➤ waschen, halbieren und auf gefettetes Backblech legen, im auf 180°C vorgeheizten Backofen 20-30 Min. garen, und danach mit Suppenlöffel Fruchtfleisch von Haut lösen und ausschaben
2	El	Pflanzenöl	➤ erhitzen
1	Tl	Kreuzkümmel	➤ zugeben und schmoren lassen bis die Zwiebel weich ist
100	g	Zwiebel in dünne Scheiben	
1	El	Ingwer gehackt	➤ zugeben und 1 Min. kochen
½	El	Knoblauch gekackt	
1		Chilischote gehackt	
1	El	Currypulver	
1	Tl	Salz	
200	g	Tomaten gewürfelt Auberginenfruchtfleisch	➤ zugeben, vermischen und aufkochen lassen
125	g	Schafsjoghurt	➤ vor dem Anrichten daruntermischen
3	El	Koriander gehackt	➤ darüber streuen

Tipp: Dieses schmackhafte indische Curry kann man gut mit Dinkel Bulgur oder Dinkel-Chapati servieren.

b) Gemüsewähe

Teig:

250	g	Urdinkelmehl	➤ in eine Schüssel geben
¼	Tl	Backpulver	und zu einem Teig
1	Tl	Salz	kneten, 1 Std. lang ruhen
2	El	Essig	lassen, danach auswellen
1	dl	Wasser	und in eine feuerfeste
½	dl	Öl (Oliven-, Raps-, Distelöl)	Form legen

Gewürze: Pfeffer, Paprika, Curry, Bertram, Galgant

Füllung:

2	El	Olivenöl	➤ erhitzen
1		Knoblauchzehe feingehackt	➤ andünsten
1	El	Ingwer gerieben	
2		Zwiebeln kleingeschnitten	
		Pfeffer, Curry, Paprika, Chili	➤ mitdünsten
1	El	Essig	➤ zugeben
800	g	Gemüse wie Karotten, Kürbis, Broccoli, Spargel, Blumenkohl, Kartoffeln (jedoch keine wässrigen wie z.b. Tomaten)	➤ kleinschneiden, harte Gemüse etwas vordämpfen

Guss:

1½	dl	Reismilch	➤ miteinander verrühren
1	dl	Sojarahm	und über den mit
2		Eier	Gemüse belegten Teig geben

Salz, Pfeffer, Muskatnuss
Kräuter nach Belieben

Bei 180°C im vorgeheizten Backofen ca. 1 Std. backen bis die Füllung fest und der Boden knusprig ist. Wenn das Gemüse beim Backen zu dunkel wird mit Alufolie abdecken.

Süsse Variante:
Beim Teig und bei der Füllung einfach etwas Zucker, oder Honig, Stevia zugeben und die Gewürze anpassen, z.b. Ingwer, Vanille, Nelkenpulver, Bertram.
Den Teig mit Früchten belegen. Bei wässrigen Früchten vor dem Belegen Nüsse, Griess oder Quinoa auf den Boden der Wähe verteilen.

5. Hirse-Taboulé

200	g	Hirse	➤ ca. 20 Min. kochen und 10 Min. nachquellen lassen, die Körner mit einer Gabel auflockern
4	dl	Wasser	
4	El	Olivenöl	➤ darüber geben
4	El	Zitronensaft	
		Salz und schwarzer Pfeffer	
2		Bund Radieschen	➤ kleinschneiden, zugeben
1		kleine Zwiebel	➤ würfeln
200	g	Salatgurke	
9		Oliven	➤ entsteinen und halbieren
1		Bund Petersilie gehackt	➤ zugeben
5		Pfefferminzblätter gehackt	

Tipp: Der Salat kann beim Servieren lauwarm sein.

6. Gebratener Tofu auf Gemüse

500	g	Tofu	➤ in 1 cm dicke Scheiben schneiden und zwischen Küchenpapier leicht ausdrücken
2-3	El	Maiskeimöl	➤ erhitzen und Tofu von beiden Seiten goldbraun braten, herausnehmen und warm stellen
2	El	Maiskeimöl	➤ zugeben und erhitzen
400	g	Paprikaschoten grün, gelb rot gemischt, in Streifen geschnitten	➤ zugeben und 5 Min. andünsten
100	g	frische Shitakepilze in Scheiben geschnitten	
1	El	Ingwer	
150	g	Sojasprossen	➤ zugeben und alles zusammen knackig garen
3	El	Reiswein	➤ miteinander verrühren, darüber giessen und einmal aufkochen lassen
3	El	Sojasauce	
3	Msp	Zucker	

Die warmen Tofuscheiben darauf legen und mit Schnittlauch, Petersilie oder Koriander garnieren.
Dazu gekochte Roggenkörner oder Roggenbrot servieren.
150 g Roggen über Nacht einweichen und in 5 dl Gemüsebouillon 1 Std. köcheln und ½ Std. nachquellen lassen. Zum Schluss salzen.

7. Karotten an Orangensauce mit Tessiner-Urpolenta

2	El	Olivenöl	➤ erhitzen
800	g	Karotten in Stücke geschnitten	➤ zugeben und leicht anbraten
1	Tl	Knoblauch gehackt	
1	Tl	Ingwer gehackt	
3	dl	Orangensaft	➤ zugeben
3½	dl	Gemüsebouillon	
1	Tl	grüner, eingelegter Pfeffer	➤ zugeben und ca. 10 Min. zugedeckt kochen lassen
1	Msp	geriebener Muskat	
1	Msp	Koriander gemahlen	
		Salz	
1	El	Maizena	➤ miteinander verrühren, die Mischung einrühren und nochmals aufkochen lassen
1	El	Wasser	
1	Tl	Zitronenmelisse geschnitten	➤ vor dem Servieren darüber streuen
1	Tl	Thymian geschnitten	

Tessiner-Urpolenta:

6	dl	Gemüsebouillon	➤ miteinander aufkochen
		Salz, schwarzer Pfeffer, Muskatnuss	
160	g	Polenta	➤ unter ständigem Rühren einstreuen, aufkochen und zugedeckt kurz kochen, 10 Min. nachquellen lassen

8. Kichererbsen-Brokkoli Gemüse an Ingwer-Buttermilchsauce

250	g	Kichererbsen	➤ über Nacht einweichen und tags darauf abgiessen
1	El	Olivenöl	➤ erhitzten
1		Zwiebel feingehackt	➤ zugeben, andünsten und nach ein paar Min. Kichererbsen zugeben und mitdünsten
2		Knoblauchzehen gepresst	
9	dl	Gemüsebouillon	➤ ablöschen und zugedeckt bei kleiner Hitze 1½ Std. weich köcheln lassen
600	g	Brokkoli blanchiert	➤ zugeben, erwärmen, und wenn Flüssigkeit vorhanden ist diese abgiessen

Sauce:

2½	dl	Buttermilch	➤ alles zusammen erwärmen 10 Min. auf kleiner Stufe köcheln lassen, absieben und über das Kichererbsen Brokkoli Gemüse verteilen
1	El	Ingwer gerieben	
50	g	Kartoffeln roh, fein raffeln etwas Salz und schwarzer Pfeffer	

9. a) Pizza-Cake

300	g	Dinkelruchmehl	➤ in einer Schüssel mischen
1	Tl	Salz	
½		Hefe-Würfel zerbröckeln	➤ zugeben, zu einem weichen, glatten Teig kneten und in eine gefettete, bemehlte Cake-Form geben, zugedeckt bei Raumtemperatur ca. 1 Std. aufgehen lassen
75	g	Butter weich, in Stücken	
75	g	Mozzarella in Würfeln	
75	g	schwarze Oliven gehackt	
75	g	getrocknete Tomaten in Würfel	
2	El	Thymianblättchen feingehackt	
1½	dl	Milch lauwarm	
100	g	Kirschtomaten halbiert	➤ auf die Teigoberfläche verteilen und leicht eindrücken

Im vorgeheizten Backofen bei 200°C ca. 35 Min. auf der untersten Schiene backen.

b) Acqua cotta aus der Cucina povera

500	g	Cavolo nero, Palm- oder Schwarzkohl aus der Toskana (mit intensivem Geschmack aber ohne Kohlgeschmack), man kann auch Spitzkohl oder Wirsing nehmen	➤ in Stücke schneiden
100	g	milde Zwiebeln	➤ in dicke Schreiben schneiden
125	g	Stangensellerie mit Kraut	➤ grob hacken
125	g	Karotten	➤ in Scheiben schneiden
1-2		Knoblauchzehen	➤ feinhacken
2	El	Olivenöl	➤ erhitzen, das Gemüse zugeben und andünsten
200	g	Tomaten geschält und gehackt	➤ zugeben
100	g	schwarze Bohnen (über Nacht in Wasser einweichen)	
		Wasser warm	➤ bis ca. 5 cm über Gemüse zugeben
		Pfeffer, Bouillonpulver	➤ würzen und zugedeckt 2 Std. schmoren lassen, danach etwas Flüssigkeit entziehen und salzen
		getoastete Scheiben Altbrot	➤ in feuerfeste Form legen
		Olivenöl	➤ Brotscheiben beträufeln, vorbereitete Speise auf Brotscheiben geben
		Basilikum, Petersilie, Pfeffer und Parmesan	➤ darüber streuen und zugedeckt bei 200°C im vorgeheizten Backofen ca. 15 Min. backen

Tipp: 4 Spiegeleier vor dem Servieren auf Brotscheiben legen.
Den einfachen Dingen Eleganz verleihen - ein Rezept aus der einfachen Bauernküche, was die Italiener Cucina povera nennen. Hauptsächlich werden Gemüse und Früchte aus dem eigenen Garten, Brot, Altbrot, Getreide, Bohnen, selbstgefangener Fisch und Meeresfrüchte, Käse, Eier, Olivenöl, Fleisch und Geflügel vom Hof auf den Tisch gebracht.
Acqua cotta ist eine Vorspeise, kann aber auch als Hauptspeise angeboten werden. Es bedeutet „gekochtes Wasser". Das Wesentliche kommt aus dem Wasser, dem Brot, ein paar Tropfen Olivenöl, getrockneten Bohnen und Saisongemüse, je nach Geldbeutel mit Ei und Parmesan obendrauf.
Peter Brunner

C. Salat

Ayurvedischer Mango-Karottensalat Zutaten

Ayurvedischer Mango-Karottensalat

1. Ayurvedischer Mango-Karottensalat

300	g	Karotten gekocht oder roh	➤ beides schälen und in
1		Mango	feine Streifen schneiden
2	El	Ingwer fein gehackt	➤ alles fein pürieren und
4	El	Limettensaft frisch gepresst	über Karotten und Mango
1	El	Rohrzucker oder Jaggery	giessen
4	El	Olivenöl	
1	Msp	Chili	
2		Knoblauchzehen gehackt	
		Salz	➤ zugeben
50	g	Cashewnüsse grob gehackt oder ganze Pinienkerne	➤ in einer Pfanne ohne Fett rösten
1	El	schwarzer Sesamsamen	➤ in der Pfanne anrösten
1	El	weisser Sesamsamen Ingwerscheiben dünn geschnitten	
2	El	Koriandergrün gehackt	

Salat auf Teller anrichten und mit Koriander, Sesam und Ingwer, Cashewnüssen und Pinienkernen garnieren.
Tipp: Schwarzer Sesam ist ein Nierentonikum, diese Wirkung verstärkt sich durch das Rösten.

2. Pikanter Hafer-Karottensalat

80	g	Hafer	➤ sehr grob schroten und in der gleichen Menge Wasser quellen lassen
200	g	Karotten	➤ bürsten und auf der Gemüsereibe raffeln
150	g	Äpfel	➤ waschen und auf der Gemüsereibe raffeln
1	El	Ingwer gerieben	➤ den aufgequollenen Hafer mit allen anderen Zutaten vermischen und abschmecken
3	El	Zitronensaft	
100	g	Schafsjoghurt	
3	El	Sonnenblumenöl	
4	El	Kürbiskerne geröstet	
3	El	Petersilie fein gehackt	
2	El	gemischte Kräuter gehackt schwarzer Pfeffer	
1½	Tl	Salz	

Anstelle von Äpfeln können auch andere Früchte verwendet werden.
Die Kürbiskerne können durch andere Nüsse ersetzt werden.

3. Russischer Salat à la „Oma Brasiliensis"

2		Eier	➤ kochen, schälen und in Stücke schneiden
150	g	Sellerie	➤ in feine Würfel schneiden
250	g	Karotten	
100	g	Lauch	➤ in Streifen schneiden
250	g	Erbsen	
1	l	Wasser	➤ Gemüse zugeben und gar kochen und abschütten
5	El	Sojaöl	➤ alles gut miteinander verrühren, gekochtes Gemüse und Eier daruntermischen
4	El	Apfelessig	
		Salz und Pfeffer	
		Muskat	
		Petersilie, Koriander	
		Sauermilch nach Belieben	
1		Frühlingszwiebel geschnitten	➤ nach Belieben zum Garnieren
		Salatblätter rot, grün, weiss	➤ als Schale verwenden und russischer Salat darin servieren

4. Rote Beetesalat à la Russe

500	g	rote Beete gekocht oder roh	➤ raffeln
1		Lorbeerblatt	➤ alles gut miteinander
1		Nelke	verrühren und die rote
6	El	Zitronensaft	Beete einlegen
6	El	Olivenöl	
1	El	Senf	
		Salz, Pfeffer und Muskat	
200	g	Pellkartoffeln (nur bei gekochten roten Beeten)	➤ kleinhacken
100	g	Äpfel	
1		Ei hart gekocht	➤ schneiden, und alle Zutaten miteinander vermischen
4		Walnüsse	➤ zum Garnieren

5. Grüner Papayasalat

1		grüne Papaya	➤ schälen mit Sparschäler, in zarte, dünne, längliche Streifen schneiden
6		getrocknete Apfelscheiben	➤ in kleine Würfel
6		getrocknete Aprikosen	schneiden
20	g	Pinienkerne	➤ zugeben
3	El	Limettensaft	➤ alles miteinander
2	El	Olivenöl	verrühren und über die
		Salz, Pfeffer	anderen Zutaten geben
2	El	Koriander gehackt	➤ darüber streuen

Tipp: Als Garnitur einen Apfelschnitz oder eine getrocknete Aprikose und eine Dattel darauf legen.
Man kann auch Shitakepilze, in Sojasauce mit Knoblauch angedünstet, dazu geben.

6. Salat aus roten Linsen

160	g	rote Linsen	➤ in ungesalzenem Wasser 15 Min. kochen lassen, absieben und abtropfen lassen
4	El	gemischte, kleingehackte Kräuter wie Kerbel, Schnittlauch, Petersilie Koriander	➤ mit der Hälfte der folgenden Salatsauce unter die Linsen mischen
1	Tl	Salz	➤ alles miteinander vermischen
4	El	Apfelessig	
8	El	Olivenöl	
1	Tl	Senf	
½	Tl	Curry	
2	Msp	Fenchelpulver	
2	Msp	Koriander gemahlen	
1	Tl	Agavendicksaft	
		Salatblätter oder Kresse	➤ in einem Teller auslegen, Linsensalat darauf anrichten und mit restlicher Salatsauce beträufeln

Tipp: Sprösslinge aller Art passen gut dazu.

7. Fenchel-Zichoriensalat

250	g	Fenchel	➤ Strunk entfernen, in feine Streifen schneiden
250	g	Kopfzichorie (Cicorino Rosso)	➤ waschen, zupfen und mit Fenchel und Salatsauce vermischen
4	El	Zitronensaft	➤ alles miteinander verrühren
6	El	Olivenöl	
½	Tl	Meersalz	
1	Tl	Agavendicksaft	
2	Msp	Paprika	
		schwarzer Pfeffer	
2	El	Petersilie gehackt	
1	Tl	Dill geschnitten	

8. Frühlingssalat

500	g	weisse Spargeln	➤ schälen, in 5 cm lange Stücke schneiden
		Wasser mit wenig Salz und Zucker	➤ zum Kochen bringen, Spargeln zugeben, weichkochen
200	g	junge Spinatblätter oder Portulak, grüner Salat, Brunnenkresse	➤ waschen
8		Kirschtomaten oder getrocknete, eingelegte Tomaten	➤ halbieren ➤ in Streifen schneiden
3	El	weisser Balsamico	➤ alles miteinander verrühren, Salat, Tomaten und Spargeln zugeben, untereinander vermischen
2	El	Zitronensaft wenig milder Senf	
1	Tl	Honig	
5	El	Olivenöl Salz, Pfeffer	
20	g	Pinienkerne	➤ zuletzt darüber streuen

Tipp: Nach Belieben kann dieser Salat auch mit harten Eiern serviert werden.

9. Pastinaken-Sellerie-Ingwer Salat

400	g	Pastinaken	➤	in Scheiben bzw. Stücke schneiden und separat blanchieren, abkühlen Lassen
3		Stangen Sellerie		
1	El	Ingwer gerieben	➤	alles gut miteinander verrühren, das Gemüse zugeben und miteinander vermischen
½	Tl	Salz		
¼	Tl	Zucker		
1	Tl	Senf		
6	El	Sesamöl		
8	El	Zitronensaft		

Tipp: Bockshornkleesprösslinge nach Belieben zum Garnieren.

Frühlingssalat

D. Brote

Bagels

1. Bagels

500	g	Dinkelruchmehl oder weisses Mehl	➤ in eine Schüssel geben, Hefe, Zucker in eine Mehlmulde geben und mit Wasser und wenig Mehl verrühren, diesen Vorteig ca. 10 Min. ruhen lassen
2	Tl	Trockenhefe	
1	El	Zucker	
1½	dl	Wasser warm	
1½	Tl	Salz	➤ langsam zugeben und zu einem geschmeidigen Teig kneten, ca. 40 Min. abgedeckt aufgehen lassen
2	dl	Wasser	

Teig zu 8 Kugeln formen und 5 Min. ruhen lassen. Dann ca. 25 cm lange Teigwürste machen. Diese so zu einem Kreis formen, dass in der Mitte ein Loch bleibt.
Bagels 30 Sek. im kochenden Wasser (muss immer kochen) ziehen lassen. Herausnehmen, auf einem Tuch abtropfen lassen, und dann auf ein mit Backpapier ausgelegtes Blech legen.
Wenig Salz, und nach Belieben Mohn, Sesam, Leinsamen, Zwiebeln und Knoblauch, darüber streuen.
Bei 225°C im vorgeheizten Backofen 20 Min. backen.

Tipp: Da wir kein Brotrezept ausschliesslich mit Reismehl haben, können am Montag auch Reiswaffeln oder Chapati, zur Hälfte mit Reismehl zubereitet, serviert werden.

2. Dinkelbrot

450	g	Dinkelruch- oder Vollkornmehl	➤ in einer Schüssel mischen
4	Tl	Weinsteinbackpulver	
1½	Tl	Vollrohrzucker	
1	Tl	Salz	
1,8	dl	Mandel- oder Reismilch	➤ zugeben, mischen und kneten bis sich der Teig vom Schüsselrand löst, einen Laib formen und auf ein gefettetes, bemehltes Backblech geben
0,6	dl	Wasser	
1	El	Mandel- oder Reismilch	➤ die Oberfläche des Laibs bestreichen
1	Tl	Schwarzkümmel	➤ darüber streuen und das Brot bei 200°C im vorgeheizten Backofen ca. 35 Min. goldbraun backen

Tipp: Wenn wir dieses Brot für Dienstagsmahlzeiten zubereiten, empfehlen wir, halb Hafer- halb Dinkelmehl zu nehmen.

3. Shunyata Bread

250	g	Dinkelschrot	➤ in eine Schüssel geben
250	g	Dinkelmehl	und eine Mulde bilden
2½	dl	Wasser warm	➤ vermischen, mit etwas
1		Beutel (25 g) Sekowa Backferment	Mehl in der Mulde vermischen und bei 50°C im Backofen aufgehen lassen
2	El	Kümmelsamen	➤ miteinander in Schüssel
2	El	Senfsamen	mit dem Mehl/Vorteig
2	El	Fenchelsamen	geben, gut vermengen
2	El	Koriandersamen	und zu einem feuchten
2	El	Leinsamen	Teig kneten, abgedeckt
2	El	Leinsamen geschrotet	im Backofen bei max.
2	El	Sonnenblumenkerne	50°C aufgehen lassen,
2	El	Kürbiskerne	danach Brotlaib formen
1	Tl	Ingwerpulver oder Ingwer geraffelt	oder den Teig in eine
1	Tl	Chilipulver	Backform geben
2-3		Kardamomkerne	
1	Msp	Zimt und Galgant	
2-3	Tl	Salz	
2½	dl	Wasser warm	
		Leinsamen, Sesam, Kümmel und Sonnenblumenkerne	➤ darüber streuen und nochmals aufgehen lassen

Bei 200°C im vorgeheizten Backofen ca. 35-40 Min. backen.
Tipp: 50 g Rollgerste, über Nacht eingeweicht, können dazu gegeben werden.

4. Vollkorn-Dinkelbrötchen

600	g	Dinkelvollkornmehl	➤ in eine Schüssel geben
1	dl	Soja- oder Reismilch	➤ aufwärmen (nicht über 50°C) zusammen mit etwas Mehl einen Vorteig herstellen und gehen lassen bis er das doppelte Volumen hat
25	g	Hefe	
1	Tl	Honig	
2½	dl	Soja- oder Reismilch warm	➤ Vorteig und alle Zutaten zum restlichen Mehl geben und zu einem satten, sich von der Schüssel lösenden, Teig kneten, ca. 1 Std. an einem warmen Ort gehen lassen, nochmals durchkneten und kleine Brötchen formen
120	g	Butter- oder Gheeflöckchen	
2-3	Tl	Salz	
4	Msp	Koriander gemahlen	
		mit etwas Rahm	➤ bestreichen
		Sesam, Mohn, Leinsamen, Sonnenblumenkerne	➤ nach Belieben darüber streuen

Die Brötchen auf ein eingefettetes, bemehltes Backblech legen und bei 200°C im vorgeheizten Backofen ca. 15-20 Min. backen.

5. Dinnele - Schwäbisches Fladenbrot

150	g	Hirsemehl	➤ in eine Schüssel geben
175	g	Dinkelvollkornmehl	und eine Mehlmulde
175	g	Dinkelruchmehl	machen

20	g	frische Hefe zerbröseln	➤ in die Mulde geben, einen
1	El	Honig	Vorteig herstellen und
1	dl	Wasser warm	ca. 15 Min. gehen lassen

1	El	Meersalz	➤ zugeben, mit Hand
2	dl	Wasser warm	vermischen und ca.
2	dl	Sojamilch warm	5. Min. kneten bis der

Teig sehr geschmeidig ist und sich vom Schüsselrand löst, Teig mit einem Tuch abgedeckt an einem warmen Ort ca. 1 Std. gehen lassen

2		Eier	➤ miteinander verrühren
200	g	Sauerrahm	und in zwei Schüsselchen
		Salz, Pfeffer und Muskat	verteilen

5	El	Kräuter gehackt,	➤ zu der einen Hälfte der
		z.B. Dill, Petersilie, Schnittlauch	Eier-Rahmmischung geben

4	El	Gruyère gerieben	➤ zu der anderen Hälfte der
1	Tl	Kümmelsamen	Eier-Rahmmischung geben

Teig nochmals durchkneten, in 4 Teile teilen und in 16-18 cm grosse Fladen mit Rand formen. Auf ein gefettetes Backblech geben und die Eier-Rahmmischung darauf verteilen. In dem auf 200°C vorgeheizten Backofen ca. 20 Min. backen

Süsse Variante: An Stelle von Kräuter, Käse und Gewürzen kann man geraspelte Äpfel, Zucker und Zimt in die Eier-Rohmasse geben.

Dinnele und Dinkelbrot

6. Vollkorn-Lauchbrot mit getrockneten Tomaten

400	g	Roggenvollkornmehl	➤ in eine Schüssel geben
400	g	Dinkelvollkornmehl	
5	El	grobe Haferflocken	

1	Tl	Honig	➤ mit einem kleinen Teil Mehl einen Vorteig herstellen und gehen lassen bis er das doppelte Volumen hat
1	dl	Wasser warm	
1		Hefewürfel	

4	dl	warme Flüssigkeit, z.b. Wasser und Buttermilch gemischt	➤ Vorteig und restliche Zutaten zum Mehl geben und einen geschmeidigen Teig kneten bis er Blasen wirft
3	Tl	Salz	

100	g	Lauch	➤ kleinschneiden und unter Teig kneten, evtl. bedarf es noch etwas Mehl, Teig auf das doppelte Volumen aufgehen lassen und dann Brot oder Brötchen formen
100	g	Oliven schwarz oder grün	
100	g	getrocknete, eingelegte Tomaten	

	mit etwas Wasser	➤ bestreichen
	Kümmel oder Sesam	➤ drüber streuen

Nochmals gehen lassen und Brötchen ca. 20 Min. in dem auf 200°C vorgeheizten Backofen backen. Ein Laib Brot bei 190°C ca. 45-55 Min. backen.

7. Maisbrot

500	g	Maismehl
50	g	Vollrohrzucker
1	El	Trockenhefe
3	dl	warme Reismilch

➤ in eine Schüssel geben, Hefe, Zucker, in eine Mehlmulde geben, mit der Hälfte der Reismilch einen Vorteig rühren und aufgehen lassen

3		Eigelb
50	g	flüssige Butter
1	Tl	Salz

➤ Zutaten und restliche Milch zugeben, zu einem geschmeidigen Teig kneten, abgedeckt an einem warmen Ort ca. 1 Std. gehen lassen, zu einem Laib formen und im auf 190° C vorgeheizten Backofen gut 1 Std. backen

Tipp: Der Teig kann halbiert werden, und es können unter die eine Hälfte 30 g geriebener Parmesan und 8 kleingeschnittene Oliven geknetet werden. In die andere Hälfte werden 25 g Kokosraspeln geknetet. Passt sehr gut zum schwarzen Bohnengericht

8. Chapati

Süss:

250	g	Dinkelruch- oder Vollkornmehl	➤ in eine Schüssel geben, vorsichtig 1,7 dl Wasser dazugeben und einen geschmeidigen Teig kneten
¼	Tl	Kakao	
½	Tl	Kokosflocken	
1	Tl	Zucker	
1	Tl	Vanille flüssig	
¼	Tl	Zimt	
¼	Tl	Ingwerpulver	
1	Msp	Muskat	
1	Tl	Salz	

Salzig:

250	g	Dinkelruch- oder Vollkornmehl	➤ Zubereitung siehe oben
¼	Tl	Koriander	
¼	Tl	Curcuma	
¼	Tl	Paprika süss	
¼	Tl	Curry	
2	Tl	Sesam weiss oder schwarz	
3	Msp	Garam Masala	
3	Msp	Muskat	
½	Tl	Kreuzkümmel	
1	Tl	Salz	

Die Menge der Gewürze nach dem eigenen Belieben zusammenstellen. Vollkornteig ½ Std. ruhen lassen.

Zum Ausrollen ein wenig Öl auf die Arbeitsfläche und auf den Teigroller geben. Dünne Fladen auswallen, auf ein eingefettetes Backblech legen und bei 200°C im vorgeheizten Backofen ca. 10-15 Min. backen.

Tipp: Die Chapti können auch mit halb Reisvollkorn- und halb Dinkelruchmehl zubereitet werden.

9. Focaccia (italienisches Fladenbrot)

700	g	Dinkelruchmehl
30	g	frische Hefe
½	Tl	Honig

➤ mit etwas Mehl, warmem Wasser, Honig einen Vorteig herstellen und an einem warmen Ort gehen lassen bis er das doppelte Volumen hat

1	dl	Sojamilch warm
3	dl	Wasser warm
3-4	Tl	Salz
4	El	Olivenöl

➤ den Vorteig und alle Zutaten zum Mehl geben und einen geschmeidigen Teig kneten, schlagen und mit einem Tuch abgedeckt an einem warmen Ort gehen lassen bis er das doppelte Volumen hat, danach Teig wieder durchkneten, ca. ½ cm dick auswellen und auf ein eingefettetes, bemehltes Blech legen, Rauten einschneiden

4	El	frischen, kleingeschnittenen Rosmarin
½	dl	Olivenöl
		grobes Salz

➤ Rosmarin, Salz darüber streuen und mit Olivenöl bestreichen, 10 Min. aufgehen lassen und bei 200°C im vorgeheizten Backofen ca. 20 Min. backen, herausnehmen und nochmals mit Olivenöl bestreichen

Shunyata Bread und Maisbrot

E. Desserts

Honig-Birne

1. Apfelmus mit Weinbeeren und Zimt

1	kg	Äpfel	➤ waschen, schälen und Kerngehäuse entfernen, in Stücke schneiden
2	El	Zucker	➤ in einem Topf schmelzen und karamellisieren lassen, Apfelstücke dazu geben und bei reduzierter Hitze kräftig herumrühren bis der karamellisierte Zucker sich etwas vom Topfboden löst
1¼	dl	Apfelsaft	➤ dazu giessen, Deckel darauf und kochen bis die Äpfel etwas weich sind
1	El	Weinbeeren	➤ dazugeben
		Zucker und Zimt Zitronensaft	➤ zum Abschmecken, wenn es zu dick ist noch etwas Apfelsaft dazugeben

2. Bratäpfel

4		Äpfel	➤ waschen, Kerngehäuse entfernen
40	g	Butter	➤ alles zusammen mit den Äpfeln in einen Topf geben und während ca. 5 Min. karamellisieren
80	g	Vollrohrzucker	
½		Vanilleschote	
1	Tl	Zimt	
1	El	Ingwer feingeschnitten	
4	El	Wasser	➤ zugeben, und zugedeckt gar dünsten

Tipp: Die Bratäpfel noch warm mit einem Löffel Schafsjoghurt servieren.

Bratapfel

3. Kakicreme

4		reife, weiche Kaki	➤ waschen, Schale mit einem Küchenmesser einschneiden, Fruchtfleisch mit einem Teelöffel herausnehmen
120	g	Mascarpone oder Ricotta	➤ dazugeben und mit einer Gabel untermischen, für einen cremigen Charakter einen Mixer einsetzen

Tipp: Mit einem Amaretto servieren und einem Minzeblatt dekorieren.

4. Saisonale Fruchtwähe

250	g	Dinkelvollkornmehl	➤ alles zusammen in eine Schüssel geben und mit der Hand zu einem glatten Teig vermengen, 20 Min. ruhen lassen
1	Tl	Salz	
125	g	Butter in Flocken	
1	dl	Reis- oder Sojamilch	
1	El	Obstessig	
1½	kg	Äpfel oder andere saisonale Früchte	➤ vorbereiten und in Schnitze schneiden
			➤ Teig auswallen und auf ein gefettetes, bemehltes Backblech (Springform) legen
100	g	Kokosflocken	➤ auf den Teig streuen und Früchte darauflegen
		Vollrohrzucker Zimt Ingwer geraspelt	➤ darüber streuen, Zucker je nach Süsse der Früchte
		Butter in Flocken	➤ obendrauf geben

Bei 200°C im vorgeheizten Backofen ca. 40 Min. backen.
Der Teig kann auch für salzige Wähen genommen werden.

5. Nervenguetzli (nach Hildegard v. Bingen) mit Zwetschgencoulis

200	g	Dinkelvollkornmehl	➤ alles miteinander zu einem Teig vermengen und zu Würsten von ca. 2 cm Durchmesser rollen, die Teigwürste kalt stellen und wenn sie hart sind in 1 cm dicke Scheiben schneiden
200	g	Dinkelweissmehl	
200	g	Mandeln gerieben	
150	g	Ghee	
150	g	Rohzucker (Rapadura)	
10	g	Galgant	
10	g	Nelkenpulver	
20	g	Zimtpulver	
1	Msp	Salz und Pfeffer	
10	g	Backpulver	
2		Eier	

Bei 190°C im vorgeheizten Backofen ca. 12 Min. backen.
Nussallergiker lassen die Mandeln einfach weg.
Das Gebäck ist, in einer Dose aufbewahrt, mehrere Wochen geniessbar.

Zwetschgencoulis:

500	g	Zwetschgen oder 400 g Tiefkühlzwetschgen	➤ entsteinen und halbieren
120	g	Birnendicksaft oder Honig	➤ 10 Min. miteinander kochen, dann 2/3 der Zwetschgen zugeben und gar kochen, Nelke und Zimtstange herausnehmen, pürieren und die restlichen Zwetschgen kleinwürfeln, zugeben und alles kurz aufkochen
1		Zimtstange	
1		Nelkenblüte	
1	dl	Wasser	

6. Gewürzkuchen

50	g	Rosinen oder Korinthen	➤ waschen und ca. 1 Std. in heissem Wasser einweichen
250	g	weiche Butter oder Kokosöl (davon nur 200 g)	➤ in einer Schüssel schaumig rühren
250	g	Vollrohr- oder Palmzucker	
400	g	Dinkelruchmehl oder Vollkornmehl	➤ miteinander in einer Schüssel vermischen
100	g	Maisstärke	
1		Päckchen Backpulver	
1	Tl	Zimt	
1	Tl	Bourbon-Vanille gemahlen	
1	Msp	Kardamom	
1	Msp	Muskatnuss	
1	Msp	Safranpulver oder je nach Belieben Anis, Koriander, Nelkenpulver, Ingwerpulver	
1	Msp	schwarzer Pfeffer	
3	Msp	Salz	
4	dl	Fruchtsaft oder Soja-, Reismilch	➤ abwechselnd mit der Mehl-Gewürzmischung unter die Butter-, Zuckerschaummasse rühren
1	El	Ingwer gehackt	➤ zusammen mit den Rosinen unterheben
1		Zitrone, geriebene Schale	

Teig in eine gefettete, bemehlte Kuchenform geben und bei 190°C in der Mitte des vorgeheizten Backofens ca. 50 Min. backen. Nach dem Herausnehmen einige Min. in der Form lassen und dann zum Auskühlen auf ein Gitter geben.

7. Dessertbällchen (Energiekugeln)

Schwarze Kugeln, ca. 25 Stück:

150	g	Trockenfrüchte gemischt Cranberries (Moosbeeren), Datteln, Aprikosen	➤ zerkleinern, Datteln mit der Hand, zerdrücken
2	Msp	Salz	➤ zu den Früchten geben
2	Tl	Kakao	und mit einem Hackgerät
1		Orange, geriebene Schale	oder Pürierstab
5	El	Kokosfett (gestrichene El)	zerkleinern oder ganz
		wenig Kardamom	fein schneiden
½	Tl	Zimt	
½	Tl	Galgant	
200	g	Mandeln gemahlen	➤ darunter kneten, 1½ -2½ cm grosse Kugeln formen und in Kakaopulver wälzen, Kugeln 1 Std. kühl stellen

Weisse Kugeln, ca. 25 Stück:

150	g	Trockenfrüchte gemischt Cranberries (Moosbeeren), Datteln, Aprikosen etwas geriebene Zitronenschale	➤ zerkleinern, Datteln mit der Hand, zerdrücken
1	Tl	Ingwer, Zimt und wenig Koriander gemischt	➤ zu den Früchten geben und mit einem Hackgerät
2	Msp	Salz	oder Pürierstab
6	El	Kokosfett	zerkleinern
200	g	feine Kokosraspeln	➤ darunter kneten, 1½ -2½ cm grosse Kugeln formen und in Kokosraspeln wälzen, Kugeln 1 Std. kühl stellen

Info: Die Kugeln können bis zu 2 Wochen im Kühlschrank aufbewahrt werden.

8. Honig Birnen

4		reife Birnen	➤ bis auf das oberste Stück schälen, die Birnenstiele belassen, so kann die Birne beim Essen gehalten werden
1	Tl	Wasser heiss Ingwer gerieben	➤ zugeben bis die Früchte fast bedeckt sind und 10 Min. köcheln lassen, dann die halbe Menge der Flüssigkeit entfernen
½	El	Vollrohrzucker	➤ über jede Birne streuen und 10 Min. dämpfen lassen, die Birnen herausnehmen und abkühlen lassen
3	El	Honig	➤ miteinander verrühren, kalt stellen und beim Anrichten über die Birnen giessen
2	El	Kräuter- oder Fruchtlikör	
		etwas geriebene Zitronenschale	➤ darüber streuen

9. a) Dattel-Plätzchen

2		Tassen (à 2½ dl) rote, getrocknete Datteln	➤ mit reichlich Wasser ca. 20 Min. kochen, Wasser abschütten, pürieren.
1		Tasse Reismehl	➤ zum Dattelmus geben und zu einem Teig vermengen
3	El	Butter oder Ghee	
¼	Tl	Zimt- und Galgantpulver	

Den Teig zu einer Rolle formen und schmale Taler schneiden oder Kugeln formen, und diese auf dem gefetteten Blech in der Mitte etwas eindrücken. Die Zutaten reichen für ca. 50 kleine Gebäckstücke. Bei 200°C im vorgeheizten Backofen ca. 10-15 Min. backen.

b) Rote Bohnen Roulade (salziges Dessert)

2	El	Olivenöl	➤ erhitzen
1		kleine Zwiebel fein gewürfelt	➤ zugeben und andünsten
200	g	rote Peperoni kleingeschnitten	➤ zugeben und mitdünsten
200	g	Pelati oder frische Tomaten gehackt	➤ einrühren und im offenen Topf ca. 15 Min. einkochen lassen
3	Msp	Cayennepfeffer	
400	g	rote Bohnen weichgekocht *	➤ zugeben, alles pürieren und Bohnenmischung auf ein mit Backpapier ausgelegtes Backblech (ca. 22 x 32 cm) streichen
70	g	frische Weissbrotkrumen	
		Salz	
		schwarzer Pfeffer aus der Mühle	

Im auf 200°C vorgeheizten Backofen ca. 15 Min. backen bis sich die Masse auch in der Mitte fest anfühlt. Einen Bogen Pergamentpapier auf der Arbeitsfläche ausbreiten. Den Bohnenteig vorsichtig darauf stürzen und das Backpapier abziehen. Etwas abkühlen lassen, mit der folgenden Füllung bestreichen und zu einer Roulade aufrollen. Vorsichtig mit einem Sägemesser in Scheiben schneiden. Wenn es bricht, kann mit einem Palettenmesser behutsam nachgeformt werden. Falls das Aufrollen nicht klappt, wird die Füllung auf den gebackenen Bohnenteig aufgestrichen und es werden z.B. kleine Rechtecke geschnitten.

Füllung A:

125	g	Frischkäse	➤ zusammen glattrühren
75	g	Sauerrahm oder Quark	
2	El	Koriandergrün gehackt	
		Salz	

Füllung B:

125	g	Quark	➤ zusammen glattrühren
1		Avocado gut gereift	
		Salz	
		gemahlene Mandeln und Koriander gehackt nach Beliegen	

* Rote Bohnen aus der Dose oder 200 g über Nacht eingeweichte Bohnenkerne 1½-2 Std. kochen.
Tipp: Kann auch als Apérogebäck serviert werden.

F. Getränke (weiss)

Holundergetränk

1. Abgekochtes Wasser mit Ingwer

| 1 | l | Wasser | ➤ aufkochen |
| 3 | | Scheiben Ingwer | ➤ zugeben und ziehen lassen |

2. Artemisia (Beifuss) Compositum Tee (Dr. G. Fisch)

Für ca. 1 l Wasser braucht es folgende Zutaten:

2	El	Honig	➤ karamellisieren
2-5	El	Ingwer	
1	Msp	Pfeffer	➤ zugeben und 20 Min. köcheln lassen
1	Msp	Salz	
2	El	getrockneter Beifuss-Tee	
1	Tl	Boxhornklee	
1	Tl	geschnittenes Süssholz	
1		aufgebrochene Zimtstange	
2-4		Gewürznelken	

3. Chai Tee (indischer Gewürztee)

1	l	Wasser	➤ miteinander zum Kochen bringen und 20. Min. kochen lassen
12	g	Chai-Tee Mischung	
2-3	El	Ingwer gerieben	
2	El	Schwarztee	➤ zugeben und 2-3 Min. ziehen lassen
3	dl	Sojamilch heiss	➤ dazugiessen und sofort absieben
		Birnel (Birnendicksaft) oder Vollrohrzucker	➤ zum Süssen nach Geschmack

4. Chinesischer Chrysanthementee

1	l	Wasser	➤ aufkochen
8		Chrysanthemenblüten	➤ mit dem Wasser übergiessen, Blüten darin lassen, sie können 4-5 Mal aufgegossen werden

5. Rosentee

1	l	Wasser	➤ aufkochen
10		Rosenknospen	➤ mit dem Wasser übergiessen, Knospen darin lassen, sie können 4-5 Mal aufgegossen werden

6. Cychorium (Chicoréelexier)

1	l	Wasser	➤ aufkochen
3		Deckel Cynaria	➤ zugeben

7. Schlehdornelixier

1	l	Wasser	➤ aufkochen
3		Deckel Schlehdorn	➤ zugeben

8. Holundergetränk

1	l	Wasser	➤ aufkochen
3	El	Holundersirup	➤ zugeben
3		Scheiben Ingwer	
½		Zitrone ausgepresst	

9. Abgekochtes Wasser

Abgekochtes Wasser in Karaffe im Meer

6. Masseinheiten

El	Esslöffel
Tl	Teelöffel
Msp	Messerspitze
kg	Kilogramm
g	Gramm
l	Liter
dl	Deziliter

7. Nachwort

„Das Ganze ist mehr als die Summe seiner Teile"[7] – ein Nachwort von Roswitha Zimmer-Hübschle

Ich freue mich, ein Teil des Ganzen zu sein, und zusammen mit allen Beteiligten zur Entstehung und zum Gelingen dieses Kochbuchs beigetragen zu haben. Jeder ließ sein Wissen, seinen Geist, seine Talente und Erfahrungen einfliessen. Zu Beginn meiner Mitarbeit an diesem Buch begegnete ich dem Zitat von Houston Stewart Chamberlain[8]. Diese Erkenntnis vermittelt mir den Respekt vor dem grossen Ganzen, und ich bin dankbar, dass ich auf einem Bauernhof aufgewachsen bin, inmitten von goldenen Kornfeldern, Wiesen mit Blumen, Gräsern, Obstbäumen, Vögeln und einem reichen Gemüsegarten. So habe ich schon sehr früh die Fülle unserer Mutter Erde und den Rhythmus der Natur erlebt. In den letzten 14 Jahren erfuhr ich das Element Wasser mit seinen fliessenden, reinigenden, dynamischen, klaren Eigenschaften durch mein Leben am Atlantik hautnah mit. Das Wasser, welches das Wachstum der Pflanzen ermöglicht. Das gleiche Wasser, welches wir auch zum Einweichen, Kochen und Trinken brauchen. Vergleichbar mit den Pflanzen, die das Wasser über die Wurzeln aus der Erde aufnehmen, werden wir durch unsere Wurzeln, die Nieren (Wasserorgane), gestärkt.

Diese Wurzelkraft gibt Halt, Erdung, Sicherheit und Gleichgewicht.

Wir laden die Leserschaft dazu ein, sich durch die Rezepte inspirieren zu lassen und – im übertragenen Sinn – wie die Meergiraffe dem Horizont entgegen zu schwimmen und Gräser und Knospen zu kauen. Haben wir einmal dieses Bewusstsein erlangt, so steht auch im goldenen Alter einem gesunden Wohlgefühl nichts im Weg.

---

[7] Zitat von Aristoteles.
[8] Siehe S. 12